Philipp Pietsch

**Zigarren Tasting
Das Degustations-Album**

TIBI DONO LEPIDUM NOVUM LIBELLUM
ARIDA MODO PUMICE EXPOLITUM.
PROSIT.

Philipp Pietsch

Zigarren Tasting
Das Degustations-Album

| 1. Auflage (2010) |

Einbandgestaltung: Philipp Pietsch

Die Deutsche Nationalbibliothek verzeichnet diese
Publikation in der Deutschen Nationalbibliografie;
detaillierte bibliografische Daten sind im Internet über
dnb.d-nb.de abrufbar.

1. Auflage 2010

Printed in Germany.

© 2010 Philipp Pietsch
Herstellung und Verlag: Books on Demand GmbH,
Norderstedt.
ISBN 978-3-8391-8339-7

Inhaltsverzeichnis

Vorwort

Tabak ist eines der ältesten Genussmittel der Welt. In den letzten Jahren entdecken immer mehr Menschen diesen Luxus neu. Ihre Prämisse ist es, nicht möglichst viel, sondern möglichst gut zu konsumieren. Plötzlich befindet man sich auf einer Reise durch die Welten der unterschiedlichen Zigarren. Diese Reise ist ein Abenteuer. Immer wieder wird der Probierende von neuen Sinneseindrücken überrascht, die es zu verarbeiten und zu abstrahieren gilt. Schließlich will man sich im Gewirr der Erfahrungen nicht verlaufen.

Es gibt hierbei vielfältige Ansätze, die Eindrücke zu kategorisieren. Manche sind unglaublich detailliert und versuchen jede Facette des Augenblicks einzufangen. Andere sind sehr schlicht und begnügen sich mit kaum einer handvoll Kriterien. Das Eine sorgt für eine dauerhafte, kaum sinnvoll zu überblickende Datenmenge, das Andere wird durch eine mangelnde Anzahl an Kategorien ebenfalls unübersichtlich und inhaltlich zudem ungenau. Also gilt es, einen vernünftigen Mittelweg zu finden.

An dieser Stelle kommt das vorliegende Album ins Spiel. Es ist Resultat langjähriger Überlegungen hinsichtlich eines möglichst gut verwertbaren *Tasting* Formulars für die Zigarrenverkostung. Im Zuge vieler Gespräche und Diskussionen zum Thema blieben die folgenden Kategorien übrig. Die Ergebnisse stellen lediglich eine Auswahl dar und sind selbstverständlich subjektiv. Jeder setzt etwas andere Schwerpunkte, das vorliegende Ergebnis ist daher eine optimierte Schnittmenge. Entsprechend sollte es nicht als Prototyp der idealen Tastingmethode angesehen werden. Ich hoffe allerdings, dass es sich für Sie genau so bewährt wie es das bei mir getan hat.

Rauchen als Genuss

Tabak ist eines der ältesten Genussmittel der Welt, ein Mittel, Genuss zu erzielen, nicht Sucht zu befriedigen. Dennoch wird Tabak in vielen westlichen Gesellschaften heute einzig als Suchtmittel klassifiziert. Dass übermäßiger Tabakkonsum ernste gesundheitliche Gefahren mit sich bringt, ist unbestritten.

Natürlich sollte Tabak dazu dienen, den Status des rauchenden Individuums innerhalb einer Gruppe zu steigern: Man denke nur an die Friedenspfeife, an berühmte Zigarrenraucher wie Churchill, Mark Twain oder Bismarck, der einmal gesagt haben soll: *„Man sollte immer erst eine Zigarre rauchen, ehe man die Welt umdreht"*. Einmal innehalten, bewusst Besinnung suchen und bewusst rauchen.

Man werfe einen Blick auf die Jahrtausende währende Geschichte des genussvollen Tabakkonsums. Tabak sollte nie Suchtmittel sein, sondern stets Genuss bescheren. Frei nach dem inzwischen oft aufgesagten Motto: Weniger, aber besser. Dieses Buch soll einen kleinen Teil dazu beitragen, Tabak wieder den Status zu bescheren, den er die meiste Zeit innehatte: Die bewusst und entspannt genossene Zigarre (nach Feierabend) erlaubt stille Einkehr nach einem stressigen Arbeitstag und hat vor dem Hintergrund positive Auswirkungen auf das Gemüt des Genießers, wie es dem Tabak lange Zeit nachgesagt wurde.

Die bewussten Empfindungen während des Rauches lassen sich in diesem Album festhalten. Es richtet sich an den mündigen Raucher, der reflektierten Umgang mit dem Genussmittel seiner Wahl sucht.

Qualität

Die meisten Aficionados, die sich die Mühe machen, ihre Verkostungsnotizen ausführlich festzuhalten, fokussieren sich nach eigener Aussage rein auf das *Premium*-Segment. *„Premium"* bedeutet dann meist schlicht, dass sie nur Zigarren ernsthaft verkosten oder überhaupt in die Hand nehmen, die nicht in fachfremden Verkaufsstellen wie etwa dem Kiosk um die Ecke oder der nächsten staatlichen Lotto-Annahmestelle angeboten werden. Nun muss man sich fragen, warum gerade die dort angebotene Ware zu den verkaufsstärksten Segmenten vieler Produzenten gehört, die selbst in heutiger Zeit nach wie vor gut existieren können. Die Antwort liegt auf der Hand: Viele Raucher schätzen die Ware. Wie in allen Bereichen meinen dann die einen, die andere Seite kenne nichts Gutes und würde in ihrer Naivität an ihren „Balken" festhalten. Die anderen mögen ihre Rauchware, schätzen sie teils seit Jahrzehnten und haben immer noch Spaß an dem favorisierten Produkt. Nur darum geht es: Die Suche nach der optimalen Zigarre ist endlos. Also muss das befriedigende Ziel lauten, eine Zigarre zu finden, die den eigenen Bedürfnissen bestmöglich entspricht. Der Preis sollte nicht die primäre Rolle spielen. Über Geschmack lässt sich nicht streiten.

Fehlfarben, Holländer sowie soßierte Stumpen

Regelmäßig taucht die Frage auf, ob denn eine *Fehlfarbene* auch eine richtige Zigarre sei? Die Antwort ist ein klares: Ja! Die Vorfahren liebten ihre Stumpen, die nur wenige Pfennige kosteten. Leider existieren viele alte Zigarrenmarken einheimischer Produktion heute nicht mehr. Dennoch wird dem Raucher eine immer noch erfreuliche Palette an Ware einheimischer Produktion dargeboten. Neben kleineren Produkten mit Lokalkolorit handelt es sich meist um klassische Brasil- oder Sumatra-Zigarren. Die enthaltenen Tabake kommen dabei in aller Regel zumindest überwiegend aus Übersee. In denselben Bereich fallen Trockenzigarren holländischen Typs, die keinen Humidor oder besondere Feuchtigkeitswerte benötigen und vor diesem Hintergrund gerade von Einsteigern probiert werden. Auch weisen einige Zigarren eine Soßierung auf. Mancher Aficionado schlägt die Hände über dem Kopf zusammen, wenn seine Zigarre etwas anderes als H2O enthält. Aus gesundheitlicher Sicht hat er auch nicht ganz Unrecht mit dieser teils radikalen Haltung. Immerhin entstehen beim Abbrennen der Zusätze unter Umständen chemisch problematische Endprodukte.

Wem Zigarren aus den vorgenannten Bereichen schmecken – und das sind sehr viele – der sollte diese dennoch in dieses Album eintragen. Sicher wird er dabei motiviert werden, weiter zu probieren. Dann wird er Vergleiche anstellen können, abwägen und schließlich das konsumieren, was er möchte. Genau hier findet die Reflektion statt, die dieses Album anstoßen soll.

Das Degustations Formular
Eine Anleitung

Stammdaten
Marke | Name
Dieses Feld nimmt den Namen der Marke und den Handelsnamen der Zigarre auf. Bei der bekannten Cohiba Esplendidos wäre dies etwa:

MARKE *Cohiba* **NAME** *Esplendidos*

Der *Name* ist hierbei nicht zwangsläufig identisch mit dem Format, das gesondert notiert wird.

Herkunft
Hier bitte das Herkunftsland oder die Provinz eintragen aus der die Zigarre stammt.

Kauf
Datum und Ort des Kaufes vermerken, auch der Händler findet hier Platz.

Format
Die Formate sind leider nicht weltweit eindeutig definiert. Was dort als *Small* Corona Format verkauft wird, wäre andernorts eine Robusto. Hinzu kommt, dass einige Hersteller die bekannten Formatbezeichnungen als Handelsnamen nutzen. Immerhin darf der Hersteller darauf vertrauen, dass der Konsument eine grobe Vorstellung vom Produkt hat, wenn er den Namen „Firma XYZ *Corona*" hört. Um auf einen Nenner zu kommen, ist es sinnvoll, die Zigarren selbst zu klassifizieren und sich dabei nicht von etwaigen Markenbezeichnungen irritieren zu lassen: Die Kubaner nehmen es hierbei sehr genau mit ihren Zigarrenabmessungen, die entsprechend exakt vorgeschrieben sind. Sinnvoller für den länderübergreifenden Einsatz ist aber eine Tabelle, die keine regionenspezifische Formate enthält. Folgende Aufstellung sei dabei als Leitfaden und Vorschlag gedacht:

Formate	Ring	Ø [mm]	Länge [mm]	Ø [inch]	Länge [inch]
Cigarillo	26	102	10,3	4	0,4
Short Robusto	26	102	19,1	4	0,8
Small Panatella	32	127	13,1	5	0,5
Short Panatella	32	127	15,1	5	0,6
Petit Corona	32	127	16,7	5	0,7
Robusto	32	127	19,8	5	0,8
Corona	35	140	16,7	5,5	0,7
Corona Extra	35	140	18,3	5,5	0,7
Slim Panatella	38	152	13,5	6	0,5
Panatella	38	152	15,1	6	0,6
Long Corona	38	152	16,7	6	0,7
Toro	38	152	19,8	6	0,8
Lonsdale	42	165	16,7	6,5	0,7
Gran Corona	42	165	18,3	6,5	0,7
Gran Corona Special	45	178	17,9	7	0,7
Churchill	45	178	18,7	7	0,7
Long Panatella	48	191	15,1	7,5	0,6
Giant Corona	48	191	18,3	7,5	0,7
Double Corona	50	197	19,5	7,8	0,8
Giant	58	229	20,6	9	0,8

Jahrgang

Wie auch Wein verändert eine Zigarre mit den Jahren ihren Geschmack. Manche haben dabei mehr Alterungspotential[1] als andere. Bevorzugtes Anbaugebiet, wenn es um Alterungspotential geht, ist Kuba. Nach verbreiteter Meinung ist Kuba sogar das einzige Land, das *Aging* würdige Ware herstellt. Grundsätzlich lässt sich eine Lagerungszeit von *circa* 5 Jahren als Richtlinie bei der Habanos-Lagerung festlegen. Jede Marke und jedes Format entwickelt sich dabei anders.[2] Beim Reizthema *Aging*,

---

[1] Da Aficionados in der Regel einen eher internationalen Horizont haben, werden gerne englische Ausdrücke als Ersatz für sperrige deutsche Umschreibungen verwendet. Anstatt Reifung durch Alterung spricht man entsprechend von *Aging*.

[2] Hier sei auf die so genannte „Bibel" verwiesen: M.R. Nee, Eine illustrierte Enzyklopädie der postrevolutionären Havanna-Cigarren, Sankt Augustin 2004. Nee listet darin jede erdenkliche Habano auf und gibt fundierte Empfehlungen zu Lagerzeiten und Geschmackspotentialen.

das wohl für alle Zeiten Raucher-Stammtische in Atem halten wird, gilt: Am Ende entscheidet der eigene Geschmack.

Ø (Durchmesser) / Ring

Neben der Angabe des Durchmessers in Millimetern oder Inches ist (nach wie vor) auch die Definition nach Ringmaß gebräuchlich.

Ringmaße [mm]

11	4,4	40	15,9
12	4,8	41	16,3
13	5,2	42	16,7
14	5,6	43	17,1
15	6	44	17,5
16	6,4	45	17,9
17	6,7	46	18,3
18	7,1	47	18,7
19	7,5	48	19,1
20	7,9	49	19,5
21	8,3	50	19,8
22	8,7	51	20,2
23	9,1	52	20,6
24	9,5	53	21
25	9,9	54	21,4
26	10,3	55	21,8
27	10,7	56	22,2
28	11,1	57	22,6
29	11,5	58	23
30	11,9	59	23,4
31	12,3	60	23,8
32	12,7	61	24,2
33	13,1	62	24,6
34	13,5	63	25
35	13,9	64	25,4
36	14,3	65	25,8
37	14,7	66	26,2
38	15,1	67	26,6
39	15,5	68	27

Länge

Hier bitte die Länge in beliebiger Einheit eintragen.

Herstellung

Füllung

Longfiller – (Mediumfiller) – Shortfiller

Eine Zigarre kann mit ganzen Tabakblättern gefüllt sein oder im Inneren aus größeren bzw. kleineren Tabakschnipseln bestehen. Zusammenhängende Tabakblätter *(Longfiller)* brennen in aller Regel ruhiger ab, als mit kurzen Rissstücken gefüllte Zigarren *(Shortfiller)*. Eine ruhige und gleichmäßige Aromenentfaltung ist die Folge. Zudem sind ganze Tabakblätter kaum maschinell herstellbar. *Longfiller* sind somit meist handgerollte Zigarren. Beides zusammen – Abbrandverhalten und Handarbeit – sorgt dafür, dass *Longfiller* als eine Art Gütebezeichnung verstanden wird. Entsprechend wurde die Zwischenstufe *Mediumfiller* von Davidoff zur Klassifizierung ihrer Zigarren erfunden: In *Mediumfillern* sind demnach größere Rissstücke verarbeitet als dies meist bei *Shortfillern* der Fall ist. Allerdings werden sie nicht aus ganzen Blättern gedreht, womit sie sich von Longfiller unterscheiden. Viele Degustationsaufzeichnungen unterscheiden daher nur zwischen *short* und *long* und lassen *medium* als „großes" *short* außer Acht. Der Übersichtlichkeit ist eine solche Klassifizierung sicher nicht abträglich.

Art

Zigarren können einerseits vollständig handgefertigt oder andererseits vollständig maschinengefertigt sein. Natürlich gibt es verschiedene Zwischenformen.

Die Kubaner unterscheiden etwa nur bei der Handfertigung drei Qualitätsstufen der Produktion: *Totalamente a Mano* (vollständig handgefertigt) – *Hecho a Mano* (Handgefertigt, aber hier und da mit Hilfe von Maschinen gefertigt. So wird etwa gerne die Füllung maschinell hergestellt.) – *Envuelto a Mano* (Von Hand verpackt. Die Zigarre wurde aller Wahrscheinlichkeit nach maschinell gefertigt, die Produktionserzeugnisse aber in Handarbeit farblich selektiert und per Hand in die Verpackung verfrachtet.)

Bei der Degustation sollte man zumindest zwischen den beiden Extremen *handgerollt* und *maschinengefertigt* unterscheiden.

Verpackung

Zigarren können in allerlei Umhüllungen dem geneigten Käufer feilgeboten werden. Das Angebot reicht von der simplen Schnürung, *(Bundle)* über die bekannte Holzkiste oder Röhren, bis hin zu allerlei exotischen Verpackungsformen wie *Glastubos*, *„Baumstamm"-Cabinets* oder *Büchern*. Die häufigsten Verpackungsformen werden im Folgenden bildlich dargestellt.

Holzkisten

Metalldosen

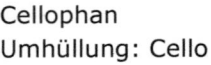
Cellophan
Umhüllung: Cello

Tubo aus Metall

Pappverpackung

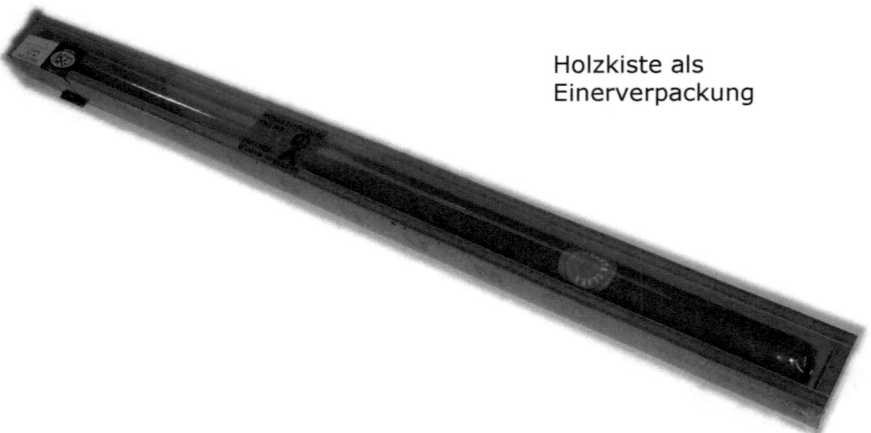

Holzkiste als
Einerverpackung

Besonderheiten

An dieser Stelle ist Platz für alle Daten, welche die Zigarre vom gewohnten Einerlei abheben. Ist die Zigarre etwa im Rahmen einer besonderen Edition vermarktet worden, ist sie nur stückweise oder regional begrenzt erhältlich? Ein Beispiel wäre hier etwa eine besondere *Edición Limitada* aus Cuba. Oder handelt es sich vielleicht nur um eine Fehlfarben Zigarre?

Verwendete Tabake

Einlage – Umblatt – Deckblatt

Bitte tragen Sie hier die für Einlage, Umblatt und Deckblatt verwendeten Tabake ein. Einigen Nutzern des Tasting-Formulars genügte die Angabe der Einlage, da diese schließlich für den Geschmack der Zigarre verantwortlich sei. Andere hatten nur Interesse am Deckblatt, da dies hauptverantwortlich für die Ausbildung der Aromen sei. Dahinter steht eine seit langer Zeit geführte Diskussion über die Bedeutung der Bestandteile einer Zigarre. Einige meinen, nur der Wickel sei wichtig, andere bestärken die Bedeutung des Deckblatts. Wer sich hier selbst ein Bild machen will, sollte zwei ihm wohl bekannte Zigarren zur Hand nehmen und mit diesen zwei Durchläufe machen: Einmal vollständig, einmal ohne Deckblatt. Das Ergebnis wird höchstwahrscheinlich Erstaunen ob des eingetretenen Geschmacksunterschieds durch Entfernen des Deckblattes hervorrufen.

Entsprechend sei hier empfohlen, Einlage und Umblatt (Wickel) sowie Deckblatt zu unterscheiden. Wenn auch verpönt, so sollte eine Soßierung, etwa mit Vanille, nicht unerwähnt bleiben und findet hier ebenfalls Platz.

Verarbeitung

Die folgenden Sinneseindrücke lassen sich zum größten Teil während des Rauchens erfassen, einige sind nur während des Rauchens, andere nur nach dem Rauchen erfassbar.

Haptik

Griffgefühl *(von Altgriechisch: ἅπτω, anfassen)*.
Wie fühlt sich die Zigarre an? Ist das Deckblatt rauh?
Ist das Deckblatt sauber verklebt? Bleibt es auch noch während des Rauchens an Ort und Stelle?
Fühlt sich die Zigarre vital saftig an oder ist sie spröde trocken?
Durch Berührung erfährt der Konsument eine breite Palette an Sinneseindrücken.

Rollung, Zug

Ist die Konsistenz der Zigarre eher weich oder eher fest?

Verändert sich die Konsistenz im angezündeten Zustand?
Ist der Zug (zu) leicht oder (zu) hart? Nutzt vorsichtiges Kneten der Zigarre ggf. bestehende Engpässe wegzumassieren?

Konsistenz
Was kann man über den allgemeinen Zusammenhalt bzw. Zustand der Zigarre aussagen?
Ist die Zigarre sehr feucht oder sehr trocken oder aber genau angenehm für Sie gelagert worden?
Zeigt das Brandende (Fuß der Zigarre) eine gleichmäßige Verteilung der Einlage?
Neigt die Zigarre zum Krümeln?

Rauchverlauf
Zeichnen Sie hier die Punkte im Rauchverlauf ein, an denen sich Ihnen Änderungen des Geschmacks bemerkbar machen. Dies kann einerseits das Auftreten bzw. Abklingen von Aromen sein. Es kann andererseits aber auch nur die Stärke des Grundaromas betreffen. Sinn macht es, die Zigarre zumindest klassisch in drei gleichlange Rauchphasen aufzuteilen. Es zeigte sich allerdings, dass mancher hier ganz besondere Vorlieben hat. Der eine schwört auf ein variables „Fünfer-System", der andere unterscheidet zwischen „Bereich A" „und Bereich B". Entscheiden Sie sich für die Unterteilung, die Ihren Eindrücken entspricht. Markieren Sie den jeweiligen Grenzpunkt zwischen zwei Abschnitten mit einem vertikalen Strich. Je mehr Striche Ihnen nötig erscheinen, desto abwechslungsreicher war das Raucherlebnis.

Geschmack
Nun geht es ans eigentliche Degustieren. Hierbei bewährte sich eine Erfassung der Aromen in drei Phasen:
Kalt – Vor dem Anzünden
Warm – Angezündet
Abgang - Der Nachgeschmack nach dem Rauchen
Daneben steht eine gesonderte Erfassung des (Grund-)Aromas, die andernorts auch als Stärke definiert wird. Assoziieren will geübt sein. Sollten Sie Anregungen wünschen, hilft Ihnen vielleicht die folgende kleine Zusammenstellung:

Blumen	Frucht	Umami (angenehm)
Florale Aromen	**Herbale Aromen**	**Toasty (Toast)**
Gras	Rose	Steak
Eukalyptus	Sellerie	Milch
Pfeffer	Flieder	Fenchel
Olive	Jasmin	Schinken
Heu/Stroh	Backpflaumen	Butterkaramell
Tee	Veilchen	Sahne
Gemüse (z.B. Kohl)	Pflaume	verbrannter Zucker
	Aprikose	Milch
	Rosine	Fisch
	Apfel	Brot
	Kirsche	Butter
	Pfirsich	Honig
	Nelke	Rum
	Brombeere	Whiskey
	Himbeere	Pilze
	Erdbeere	
	Birke	
	Ananas	
	Vanille	
	Melone	
	Sandelholz	
	Banane	
	Orange	
	Zitrone	
	Minze	

Künstliche Aromen	**Getreide**	**Erde: Torf**
Kunststoff	Getreideflocken	bitterer Kaffee
Plastik	Mandeln	Kaffee
Schwefel		herzhaft geröstete Nüsse
Ammoniak		Zimt

Bewertung

Abschließend folgt die Bewertung. Auch hier gibt es zwei Vorlieben. Die einen bevorzugen mehr oder weniger kurz gefasste Texte. Die anderen schwören auf eine schlichte Benotung. Das Formular bietet beides. Qualität, Geschmack und Preis-Leistung werden in Einzelnoten erfasst, die Sie dann zu einer Gesamtnote unter persönlicher Gewichtung zusammenfassen können. Es empfiehlt sich, ein abschließendes Urteil nicht auf nur einer Zigarre aufzubauen, denn Ausreißer gibt es immer. Entsprechend sieht das Formular zwei Gesamtbewertungen vor. Ob Sie unterschiedliche Jahrgänge in einem und demselben Formular festhalten wollen, sei Ihnen überlassen. Zigarren, deren Produktionszeitpunkt fünf Jahre auseinander liegt, trennen meist auch geschmacklich Welten. Entsprechend macht es durchaus Sinn, gereifte Zigarren *(Aged Cigars)* angemessen, d.h. gesondert, zu degustieren. Sodann ist Platz für eine kleine Stellungnahme gegeben. Der Platz wurde absichtlich beschränkt, damit es Ihnen leichter fällt, sich auf das Wesentliche zu beschränken und Sie notgedrungen stringent und exakt formulieren. Es zeigte sich, dass kurze, stringent formulierte Bemerkungen im Nachhinein von den Nutzern des Albums mehr geschätzt wurden als längere Texte.

Beispiel eines ausgefüllten Formulars

MARKE *Marke*   **NAME** *Handelsname*
HERKUNFT *Cuba*   KAUF *Berlin, 10.01.2010*
FORMAT *z./B. Churchill*   PREIS *z./B. 4,20 Euro*
JAHRGANG *2010*
Ø / RING *Durchmesser / Ringmaß*   LÄNGE *20 cm*

HERSTELLUNG
FÜLLUNG *Longfiller*   ART *Handarbeit (a mano)*
VERPACKUNG *Tubos*   BESONDERHEITEN *Edition XYZ*

VERWENDETE TABAKE
EINLAGE *Cuba*   UMBLATT   *Cuba*
DECKBLATT *Cuba*

VERARBEITUNG
                   ●●●●●□
HAPTIK   ●●●●□□ | *Schönes, tief braunes Deckblatt; Recht grobporig.*
ROLLUNG | ZUG   ●●●●□□ | *sehr fest gerollt, dennoch angenehmer Zugwiderstand.*
KONSISTENZ   ●●●□□□ | *etwas trocken, sonst OK*

RAUCHVERLAUF

GESCHMACK
                   ●●●●●□
AROMA   *tieferdiges Aroma, sehr schwer, manchmal etwas ruppig (zu jung ?)*
KALT   *Ländliche Aromen, erinnern an frisch gedüngte Wiese.*
WARM   *Vollwürzige, herbale Aromen nach Leder und Gewürzen präsentieren sich auf einem Teppich erdiger Noten.*

ABGANG   *sehr angenehmer Nachgeschmack nach Leder.*

BEWERTUNG
VERARBEITUNG   ●●●●●□ | *Gut verarbeitete Kubanerin, etwas rustikal, aber OK.*
GESCHMACK   ●●●●●□ | *Etwas jung, recht smooth, schön würzig.*
PREIS-LEISTUNG   ●●●□□□ | *Fürs Gebotene sehr günstig, sogar im Tubo.*
GESAMT *10.10.2010*   ●●●●●□ | *Schon jetzt guter Smoke; Reifen lassen! (Jahrgang 2005)*
GESAMT *15.03.2012*   ●●●●●□ | *Erstaunlich toasty. (Jg 2005)*
GESAMT *01.07.2017*   ●●●●●□ | *Jung, aber trotzdem erstaunlich rund (Jg 2015).*

> *Leckere und recht hübsche Kubanerin. Etwas rustikales Äußeres, aber sehr unkompliziert zu rauchen. Relativ schwer. Eher etwas für Nachmittags. Espresso war passender Begleiter. Ca. 2-3 Jahre Lagerung würden die noch vorhandenen Kanten glätten.*
> *Etwas teuer.*

Seite	Tasting	
		70.
		71.
21.		72.
22.		73.
23.		74.
24.		75.
25.		76.
26.		77.
27.		78.
28.		79.
29.		80.
30.		81.
31.		82.
32.		83.
33.		84.
34.		85.
35.		86.
36.		87.
37.		88.
38.		89.
39.		90.
40.		91.
41.		92.
42.		93.
43.		94.
44.		95.
45.		96.
46.		97.
47.		98.
48.		99.
49.		100.
50.		101.
51.		102.
52.		103.
53.		104.
54.		105.
55.		106.
56.		107.
57.		108.
58.		109.
59.		110.
60.		111.
61.		112.
62.		113.
63.		114.
64.		115.
65.		116.
66.		117.
67.		118.
68.		119.
69.		120.

MARKE

HERKUNFT

FORMAT

JAHRGANG

Ø / RING

HERSTELLUNG

FÜLLUNG

VERPACKUNG

VERWENDETE TABAKE

EINLAGE

DECKBLATT

VERARBEITUNG □□□□□□

HAPTIK □□□□□□ | _____

ROLLUNG | ZUG □□□□□□ | _____

KONSISTENZ □□□□□□ | _____

RAUCHVERLAUF

GESCHMACK □□□□□□

AROMA _____

KALT _____

WARM _____

_____

ABGANG _____

BEWERTUNG

VERARBEITUNG □□□□□□ | _____

GESCHMACK □□□□□□ | _____

PREIS-LEISTUNG □□□□□□ | _____

GESAMT □□□□□□ | _____

GESAMT □□□□□□ | _____

GESAMT □□□□□□ | _____

NAME

KAUF

PREIS

-

LÄNGE

ART

BESONDERHEITEN

UMBLATT

MARKE

HERKUNFT

FORMAT

JAHRGANG

Ø / RING

HERSTELLUNG

FÜLLUNG

VERPACKUNG

VERWENDETE TABAKE

EINLAGE

DECKBLATT

VERARBEITUNG ☐☐☐☐☐☐

HAPTIK ☐☐☐☐☐☐ | _____

ROLLUNG | ZUG ☐☐☐☐☐☐ | _____

KONSISTENZ ☐☐☐☐☐☐ | _____

RAUCHVERLAUF

GESCHMACK ☐☐☐☐☐☐

AROMA _____

KALT _____

WARM _____

_____

ABGANG _____

BEWERTUNG

VERARBEITUNG ☐☐☐☐☐☐ | _____

GESCHMACK ☐☐☐☐☐☐ | _____

PREIS-LEISTUNG ☐☐☐☐☐☐ | _____

GESAMT ☐☐☐☐☐☐ | _____

GESAMT ☐☐☐☐☐☐ | _____

GESAMT ☐☐☐☐☐☐ | _____

NAME

KAUF

PREIS

-

LÄNGE

ART

BESONDERHEITEN

UMBLATT

MARKE   NAME

HERKUNFT   KAUF

FORMAT   PREIS

JAHRGANG   -

Ø / RING   LÄNGE

HERSTELLUNG

FÜLLUNG   ART

VERPACKUNG   BESONDERHEITEN

VERWENDETE TABAKE

EINLAGE   UMBLATT

DECKBLATT

VERARBEITUNG   ☐☐☐☐☐☐

HAPTIK   ☐☐☐☐☐☐ | _____

ROLLUNG | ZUG   ☐☐☐☐☐☐ | _____

KONSISTENZ   ☐☐☐☐☐☐ | _____

RAUCHVERLAUF

GESCHMACK   ☐☐☐☐☐☐

AROMA   _____

KALT   _____

WARM   _____

  _____

ABGANG   _____

BEWERTUNG

VERARBEITUNG   ☐☐☐☐☐☐ | _____

GESCHMACK   ☐☐☐☐☐☐ | _____

PREIS-LEISTUNG   ☐☐☐☐☐☐ | _____

GESAMT   ☐☐☐☐☐☐ | _____

GESAMT   ☐☐☐☐☐☐ | _____

GESAMT   ☐☐☐☐☐☐ | _____

MARKE
HERKUNFT
FORMAT

JAHRGANG

Ø / RING

HERSTELLUNG
FÜLLUNG

VERPACKUNG

VERWENDETE TABAKE
EINLAGE

DECKBLATT

VERARBEITUNG   □□□□□□
HAPTIK   □□□□□□ | _____

ROLLUNG | ZUG   □□□□□□ | _____

KONSISTENZ   □□□□□□ | _____

RAUCHVERLAUF

GESCHMACK   □□□□□□
AROMA   _____

KALT   _____

WARM   _____

_____

ABGANG   _____

BEWERTUNG
VERARBEITUNG   □□□□□□ | _____

GESCHMACK   □□□□□□ | _____

PREIS-LEISTUNG   □□□□□□ | _____

GESAMT   □□□□□□ | _____

GESAMT   □□□□□□ | _____

GESAMT   □□□□□□ | _____

NAME
KAUF

PREIS

-

LÄNGE

ART

BESONDERHEITEN

UMBLATT

MARKE
HERKUNFT
FORMAT

JAHRGANG

Ø / RING

HERSTELLUNG
FÜLLUNG

VERPACKUNG

VERWENDETE TABAKE
EINLAGE

DECKBLATT

VERARBEITUNG □□□□□□

HAPTIK □□□□□□ | _____

ROLLUNG | ZUG □□□□□□ | _____

KONSISTENZ □□□□□□ | _____

RAUCHVERLAUF

GESCHMACK □□□□□□

AROMA _____

KALT _____

WARM _____

_____

ABGANG _____

BEWERTUNG

VERARBEITUNG □□□□□□ | _____

GESCHMACK □□□□□□ | _____

PREIS-LEISTUNG □□□□□□ | _____

GESAMT □□□□□□ | _____

GESAMT □□□□□□ | _____

GESAMT □□□□□□ | _____

NAME
KAUF

PREIS

-

LÄNGE

ART

BESONDERHEITEN

UMBLATT

MARKE

NAME

HERKUNFT   KAUF

FORMAT   PREIS

JAHRGANG   -

Ø / RING   LÄNGE

HERSTELLUNG

FÜLLUNG   ART

VERPACKUNG   BESONDERHEITEN

VERWENDETE TABAKE

EINLAGE   UMBLATT

DECKBLATT

VERARBEITUNG   □□□□□□

HAPTIK   □□□□□□ | _____

ROLLUNG | ZUG   □□□□□□ | _____

KONSISTENZ   □□□□□□ | _____

RAUCHVERLAUF

GESCHMACK   □□□□□□

AROMA   _____

KALT   _____

WARM   _____

_____

ABGANG   _____

BEWERTUNG

VERARBEITUNG   □□□□□□ | _____

GESCHMACK   □□□□□□ | _____

PREIS-LEISTUNG   □□□□□□ | _____

GESAMT   □□□□□□ | _____

GESAMT   □□□□□□ | _____

GESAMT   □□□□□□ | _____

MARKE
HERKUNFT
FORMAT

JAHRGANG

Ø / RING
HERSTELLUNG
FÜLLUNG

VERPACKUNG
VERWENDETE TABAKE
EINLAGE

DECKBLATT
VERARBEITUNG
HAPTIK

ROLLUNG | ZUG

KONSISTENZ
RAUCHVERLAUF

GESCHMACK

AROMA

KALT

WARM

ABGANG

BEWERTUNG
VERARBEITUNG

GESCHMACK

PREIS-LEISTUNG

GESAMT

GESAMT

GESAMT

NAME
KAUF

PREIS

-

LÄNGE

ART

BESONDERHEITEN

UMBLATT

MARKE
HERKUNFT
FORMAT

JAHRGANG

Ø / RING

HERSTELLUNG
FÜLLUNG

VERPACKUNG

VERWENDETE TABAKE
EINLAGE

DECKBLATT

VERARBEITUNG   ☐☐☐☐☐

HAPTIK   ☐☐☐☐☐☐ | _____

ROLLUNG | ZUG   ☐☐☐☐☐☐ | _____

KONSISTENZ   ☐☐☐☐☐☐ | _____

RAUCHVERLAUF

GESCHMACK   ☐☐☐☐☐

AROMA _____

KALT _____

WARM _____

_____

ABGANG _____

BEWERTUNG

VERARBEITUNG   ☐☐☐☐☐☐ | _____

GESCHMACK   ☐☐☐☐☐☐ | _____

PREIS-LEISTUNG   ☐☐☐☐☐☐ | _____

GESAMT   ☐☐☐☐☐☐ | _____

GESAMT   ☐☐☐☐☐☐ | _____

GESAMT   ☐☐☐☐☐☐ | _____

NAME
KAUF

PREIS

-

LÄNGE

ART

BESONDERHEITEN

UMBLATT

MARKE
HERKUNFT
FORMAT

JAHRGANG

Ø / RING

HERSTELLUNG
FÜLLUNG

VERPACKUNG

VERWENDETE TABAKE
EINLAGE

DECKBLATT

VERARBEITUNG   □□□□□□
HAPTIK   □□□□□□ | _____

ROLLUNG | ZUG   □□□□□□ | _____

KONSISTENZ   □□□□□□ | _____

RAUCHVERLAUF

GESCHMACK   □□□□□□
AROMA   _____

KALT   _____

WARM   _____

_____

ABGANG   _____

BEWERTUNG
VERARBEITUNG   □□□□□□ | _____

GESCHMACK   □□□□□□ | _____

PREIS-LEISTUNG   □□□□□□ | _____

GESAMT   □□□□□□ | _____

GESAMT   □□□□□□ | _____

GESAMT   □□□□□□ | _____

NAME
KAUF

PREIS

-

LÄNGE

ART

BESONDERHEITEN

UMBLATT

MARKE
HERKUNFT
FORMAT

JAHRGANG

Ø / RING

HERSTELLUNG
FÜLLUNG

VERPACKUNG

VERWENDETE TABAKE
EINLAGE

DECKBLATT

VERARBEITUNG ☐☐☐☐☐☐

HAPTIK ☐☐☐☐☐☐ | _____

ROLLUNG | ZUG ☐☐☐☐☐☐ | _____

KONSISTENZ ☐☐☐☐☐☐ | _____

RAUCHVERLAUF

GESCHMACK ☐☐☐☐☐☐

AROMA _____

KALT _____

WARM _____

_____

ABGANG _____

BEWERTUNG
VERARBEITUNG ☐☐☐☐☐☐ | _____

GESCHMACK ☐☐☐☐☐☐ | _____

PREIS-LEISTUNG ☐☐☐☐☐☐ | _____

GESAMT ☐☐☐☐☐☐ | _____

GESAMT ☐☐☐☐☐☐ | _____

GESAMT ☐☐☐☐☐☐ | _____

NAME
KAUF

PREIS

-

LÄNGE

ART

BESONDERHEITEN

UMBLATT

MARKE
HERKUNFT
FORMAT

JAHRGANG

Ø / RING

HERSTELLUNG
FÜLLUNG

VERPACKUNG

VERWENDETE TABAKE
EINLAGE

DECKBLATT

VERARBEITUNG ☐☐☐☐☐☐

HAPTIK ☐☐☐☐☐☐ | _____

ROLLUNG | ZUG ☐☐☐☐☐☐ | _____

KONSISTENZ ☐☐☐☐☐☐ | _____

RAUCHVERLAUF

GESCHMACK ☐☐☐☐☐☐

AROMA _____

KALT _____

WARM _____

_____

ABGANG _____

BEWERTUNG

VERARBEITUNG ☐☐☐☐☐☐ | _____

GESCHMACK ☐☐☐☐☐☐ | _____

PREIS-LEISTUNG ☐☐☐☐☐☐ | _____

GESAMT ☐☐☐☐☐☐ | _____

GESAMT ☐☐☐☐☐☐ | _____

GESAMT ☐☐☐☐☐☐ | _____

NAME
KAUF

PREIS

-

LÄNGE

ART

BESONDERHEITEN

UMBLATT

MARKE

HERKUNFT

FORMAT

JAHRGANG

Ø / RING

HERSTELLUNG

FÜLLUNG

VERPACKUNG

VERWENDETE TABAKE

EINLAGE

DECKBLATT

VERARBEITUNG □□□□□□

HAPTIK □□□□□□ | _____

ROLLUNG | ZUG □□□□□□ | _____

KONSISTENZ □□□□□□ | _____

RAUCHVERLAUF

GESCHMACK □□□□□□

AROMA _____

KALT _____

WARM _____

_____

ABGANG _____

BEWERTUNG

VERARBEITUNG □□□□□□ | _____

GESCHMACK □□□□□□ | _____

PREIS-LEISTUNG □□□□□□ | _____

GESAMT □□□□□□ | _____

GESAMT □□□□□□ | _____

GESAMT □□□□□□ | _____

NAME

KAUF

PREIS

-

LÄNGE

ART

BESONDERHEITEN

UMBLATT

MARKE
HERKUNFT
FORMAT

JAHRGANG

Ø / RING

HERSTELLUNG
FÜLLUNG

VERPACKUNG

VERWENDETE TABAKE
EINLAGE

DECKBLATT

VERARBEITUNG ☐☐☐☐☐☐
HAPTIK ☐☐☐☐☐☐ | _____

ROLLUNG | ZUG ☐☐☐☐☐☐ | _____

KONSISTENZ ☐☐☐☐☐☐ | _____

RAUCHVERLAUF

GESCHMACK ☐☐☐☐☐☐
AROMA _____

KALT _____

WARM _____

_____

ABGANG _____

BEWERTUNG
VERARBEITUNG ☐☐☐☐☐☐ | _____

GESCHMACK ☐☐☐☐☐☐ | _____

PREIS-LEISTUNG ☐☐☐☐☐☐ | _____

GESAMT ☐☐☐☐☐☐ | _____

GESAMT ☐☐☐☐☐☐ | _____

GESAMT ☐☐☐☐☐☐ | _____

NAME
KAUF

PREIS

-

LÄNGE

ART

BESONDERHEITEN

UMBLATT

MARKE
HERKUNFT

FORMAT

JAHRGANG

Ø / RING

HERSTELLUNG

FÜLLUNG

VERPACKUNG

VERWENDETE TABAKE

EINLAGE

DECKBLATT

VERARBEITUNG □□□□□□

HAPTIK □□□□□□ | _____

ROLLUNG | ZUG □□□□□□ | _____

KONSISTENZ □□□□□□ | _____

RAUCHVERLAUF

GESCHMACK □□□□□□

AROMA _____

KALT _____

WARM _____

_____

ABGANG _____

BEWERTUNG

VERARBEITUNG □□□□□□ | _____

GESCHMACK □□□□□□ | _____

PREIS-LEISTUNG □□□□□□ | _____

GESAMT □□□□□□ | _____

GESAMT □□□□□□ | _____

GESAMT □□□□□□ | _____

NAME
KAUF

PREIS

-

LÄNGE

ART

BESONDERHEITEN

UMBLATT

MARKE   # NAME

HERKUNFT   KAUF

FORMAT   PREIS

JAHRGANG   -

Ø / RING   LÄNGE

HERSTELLUNG

FÜLLUNG   ART

VERPACKUNG   BESONDERHEITEN

VERWENDETE TABAKE

EINLAGE   UMBLATT

DECKBLATT

VERARBEITUNG □□□□□□

HAPTIK   □□□□□□ | _____

ROLLUNG | ZUG   □□□□□□ | _____

KONSISTENZ   □□□□□□ | _____

RAUCHVERLAUF

GESCHMACK   □□□□□□

AROMA   _____

KALT   _____

WARM   _____

                  _____

ABGANG   _____

BEWERTUNG

VERARBEITUNG   □□□□□□ | _____

GESCHMACK   □□□□□□ | _____

PREIS-LEISTUNG   □□□□□□ | _____

GESAMT   □□□□□□ | _____

GESAMT   □□□□□□ | _____

GESAMT   □□□□□□ | _____

MARKE

HERKUNFT

FORMAT

JAHRGANG

Ø / RING

HERSTELLUNG

FÜLLUNG

VERPACKUNG

VERWENDETE TABAKE

EINLAGE

DECKBLATT

VERARBEITUNG   □□□□□□

HAPTIK   □□□□□□ | _____

ROLLUNG | ZUG   □□□□□□ | _____

KONSISTENZ   □□□□□□ | _____

RAUCHVERLAUF

GESCHMACK   □□□□□□

AROMA   _____

KALT   _____

WARM   _____

                         _____

ABGANG   _____

BEWERTUNG

VERARBEITUNG   □□□□□□ | _____

GESCHMACK   □□□□□□ | _____

PREIS-LEISTUNG   □□□□□□ | _____

GESAMT   □□□□□□ | _____

GESAMT   □□□□□□ | _____

GESAMT   □□□□□□ | _____

NAME

KAUF

PREIS

-

LÄNGE

ART

BESONDERHEITEN

UMBLATT

MARKE

HERKUNFT

FORMAT

JAHRGANG

Ø / RING

HERSTELLUNG

FÜLLUNG

VERPACKUNG

VERWENDETE TABAKE

EINLAGE

DECKBLATT

VERARBEITUNG   □□□□□□

HAPTIK   □□□□□□ | _____

ROLLUNG | ZUG   □□□□□□ | _____

KONSISTENZ   □□□□□□ | _____

RAUCHVERLAUF

GESCHMACK   □□□□□□

AROMA   _____

KALT   _____

WARM   _____

_____

ABGANG   _____

BEWERTUNG

VERARBEITUNG   □□□□□□ | _____

GESCHMACK   □□□□□□ | _____

PREIS-LEISTUNG   □□□□□□ | _____

GESAMT   □□□□□□ | _____

GESAMT   □□□□□□ | _____

GESAMT   □□□□□□ | _____

NAME

KAUF

PREIS

-

LÄNGE

ART

BESONDERHEITEN

UMBLATT

MARKE

HERKUNFT
FORMAT
JAHRGANG
Ø / RING

HERSTELLUNG
FÜLLUNG
VERPACKUNG

VERWENDETE TABAKE
EINLAGE
DECKBLATT

VERARBEITUNG
HAPTIK
ROLLUNG | ZUG
KONSISTENZ

RAUCHVERLAUF

GESCHMACK
AROMA
KALT
WARM

ABGANG

BEWERTUNG
VERARBEITUNG
GESCHMACK
PREIS-LEISTUNG
GESAMT
GESAMT
GESAMT

NAME
KAUF
PREIS
-
LÄNGE

ART
BESONDERHEITEN

UMBLATT

☐☐☐☐☐☐
☐☐☐☐☐☐ | _____
☐☐☐☐☐☐ | _____
☐☐☐☐☐☐ | _____

☐☐☐☐☐☐

☐☐☐☐☐☐ | _____
☐☐☐☐☐☐ | _____
☐☐☐☐☐☐ | _____
☐☐☐☐☐☐ | _____
☐☐☐☐☐☐ | _____
☐☐☐☐☐☐ | _____

MARKE
HERKUNFT
FORMAT

JAHRGANG

Ø / RING

HERSTELLUNG
FÜLLUNG

VERPACKUNG

VERWENDETE TABAKE
EINLAGE

DECKBLATT

VERARBEITUNG   □□□□□□
HAPTIK   □□□□□□ | _____

ROLLUNG | ZUG   □□□□□□ | _____

KONSISTENZ   □□□□□□ | _____

RAUCHVERLAUF

GESCHMACK   □□□□□□
AROMA   _____

KALT   _____

WARM   _____

_____

ABGANG   _____

BEWERTUNG
VERARBEITUNG   □□□□□□ | _____

GESCHMACK   □□□□□□ | _____

PREIS-LEISTUNG   □□□□□□ | _____

GESAMT   □□□□□□ | _____

GESAMT   □□□□□□ | _____

GESAMT   □□□□□□ | _____

NAME
KAUF

PREIS

-

LÄNGE

ART

BESONDERHEITEN

UMBLATT

MARKE

HERKUNFT

FORMAT

JAHRGANG

Ø / RING

HERSTELLUNG

FÜLLUNG

VERPACKUNG

VERWENDETE TABAKE

EINLAGE

DECKBLATT

VERARBEITUNG □□□□□□

HAPTIK □□□□□□ | _____

ROLLUNG | ZUG □□□□□□ | _____

KONSISTENZ □□□□□□ | _____

RAUCHVERLAUF

GESCHMACK □□□□□□

AROMA _____

KALT _____

WARM _____

_____

ABGANG _____

BEWERTUNG

VERARBEITUNG □□□□□□ | _____

GESCHMACK □□□□□□ | _____

PREIS-LEISTUNG □□□□□□ | _____

GESAMT □□□□□□ | _____

GESAMT □□□□□□ | _____

GESAMT □□□□□□ | _____

NAME

KAUF

PREIS

-

LÄNGE

ART

BESONDERHEITEN

UMBLATT

MARKE
HERKUNFT
FORMAT
JAHRGANG
Ø / RING
HERSTELLUNG
FÜLLUNG
VERPACKUNG
VERWENDETE TABAKE
EINLAGE
DECKBLATT
VERARBEITUNG
HAPTIK   □□□□□□ | _____
ROLLUNG | ZUG   □□□□□□ | _____
KONSISTENZ   □□□□□□ | _____
RAUCHVERLAUF

GESCHMACK   □□□□□□
AROMA   _____
KALT   _____
WARM   _____
                _____
ABGANG   _____
BEWERTUNG
VERARBEITUNG   □□□□□□ | _____
GESCHMACK   □□□□□□ | _____
PREIS-LEISTUNG   □□□□□□ | _____
GESAMT   □□□□□□ | _____
GESAMT   □□□□□□ | _____
GESAMT   □□□□□□ | _____

NAME
KAUF
PREIS
-
LÄNGE

ART
BESONDERHEITEN

UMBLATT

MARKE
HERKUNFT
FORMAT

JAHRGANG

Ø / RING

HERSTELLUNG
FÜLLUNG

VERPACKUNG

VERWENDETE TABAKE
EINLAGE

DECKBLATT

VERARBEITUNG □□□□□□
HAPTIK □□□□□□ | _____

ROLLUNG | ZUG □□□□□□ | _____

KONSISTENZ □□□□□□ | _____

RAUCHVERLAUF

GESCHMACK □□□□□□
AROMA _____

KALT _____

WARM _____

_____

ABGANG _____

BEWERTUNG
VERARBEITUNG □□□□□□ | _____

GESCHMACK □□□□□□ | _____

PREIS-LEISTUNG □□□□□□ | _____

GESAMT □□□□□□ | _____

GESAMT □□□□□□ | _____

GESAMT □□□□□□ | _____

NAME
KAUF

PREIS

-

LÄNGE

ART

BESONDERHEITEN

UMBLATT

MARKE
HERKUNFT
FORMAT

JAHRGANG

Ø / RING

HERSTELLUNG
FÜLLUNG

VERPACKUNG

VERWENDETE TABAKE
EINLAGE

DECKBLATT

VERARBEITUNG ☐☐☐☐☐☐
HAPTIK ☐☐☐☐☐☐ | _____

ROLLUNG | ZUG ☐☐☐☐☐☐ | _____

KONSISTENZ ☐☐☐☐☐☐ | _____

RAUCHVERLAUF

GESCHMACK ☐☐☐☐☐☐
AROMA _____

KALT _____

WARM _____

_____

ABGANG _____

BEWERTUNG
VERARBEITUNG ☐☐☐☐☐☐ | _____

GESCHMACK ☐☐☐☐☐☐ | _____

PREIS-LEISTUNG ☐☐☐☐☐☐ | _____

GESAMT ☐☐☐☐☐☐ | _____

GESAMT ☐☐☐☐☐☐ | _____

GESAMT ☐☐☐☐☐☐ | _____

NAME
KAUF

PREIS

-

LÄNGE

ART

BESONDERHEITEN

UMBLATT

MARKE
HERKUNFT

FORMAT

JAHRGANG

Ø / RING

HERSTELLUNG

FÜLLUNG

VERPACKUNG

VERWENDETE TABAKE

EINLAGE

DECKBLATT

NAME
KAUF

PREIS

-

LÄNGE

ART

BESONDERHEITEN

UMBLATT

VERARBEITUNG ☐☐☐☐☐☐

HAPTIK ☐☐☐☐☐☐ | _____

ROLLUNG | ZUG ☐☐☐☐☐☐ | _____

KONSISTENZ ☐☐☐☐☐☐ | _____

RAUCHVERLAUF

GESCHMACK ☐☐☐☐☐☐

AROMA _____

KALT _____

WARM _____

_____

ABGANG _____

BEWERTUNG

VERARBEITUNG ☐☐☐☐☐☐ | _____

GESCHMACK ☐☐☐☐☐☐ | _____

PREIS-LEISTUNG ☐☐☐☐☐☐ | _____

GESAMT ☐☐☐☐☐☐ | _____

GESAMT ☐☐☐☐☐☐ | _____

GESAMT ☐☐☐☐☐☐ | _____

MARKE
HERKUNFT
FORMAT

JAHRGANG

Ø / RING
HERSTELLUNG
FÜLLUNG

VERPACKUNG
VERWENDETE TABAKE
EINLAGE

DECKBLATT
VERARBEITUNG □□□□□□
HAPTIK □□□□□□ | _____

ROLLUNG | ZUG □□□□□□ | _____

KONSISTENZ □□□□□□ | _____
RAUCHVERLAUF
GESCHMACK □□□□□□
AROMA _____

KALT _____

WARM _____

_____

ABGANG _____
BEWERTUNG
VERARBEITUNG □□□□□□ | _____

GESCHMACK □□□□□□ | _____

PREIS-LEISTUNG □□□□□□ | _____

GESAMT □□□□□□ | _____

GESAMT □□□□□□ | _____

GESAMT □□□□□□ | _____

NAME
KAUF

PREIS

-

LÄNGE

ART

BESONDERHEITEN

UMBLATT

MARKE
HERKUNFT
FORMAT
JAHRGANG
Ø / RING
HERSTELLUNG
FÜLLUNG
VERPACKUNG
VERWENDETE TABAKE
EINLAGE
DECKBLATT

NAME
KAUF
PREIS
-
LÄNGE

ART
BESONDERHEITEN

UMBLATT

VERARBEITUNG ☐☐☐☐☐☐
HAPTIK ☐☐☐☐☐☐ | _____
ROLLUNG | ZUG ☐☐☐☐☐☐ | _____
KONSISTENZ ☐☐☐☐☐☐ | _____

RAUCHVERLAUF

GESCHMACK ☐☐☐☐☐☐

AROMA _____

KALT _____

WARM _____

_____

ABGANG _____

BEWERTUNG

VERARBEITUNG ☐☐☐☐☐☐ | _____

GESCHMACK ☐☐☐☐☐☐ | _____

PREIS-LEISTUNG ☐☐☐☐☐☐ | _____

GESAMT ☐☐☐☐☐☐ | _____

GESAMT ☐☐☐☐☐☐ | _____

GESAMT ☐☐☐☐☐☐ | _____

MARKE

HERKUNFT

FORMAT

JAHRGANG

Ø / RING

HERSTELLUNG

FÜLLUNG

VERPACKUNG

VERWENDETE TABAKE

EINLAGE

DECKBLATT

VERARBEITUNG ☐☐☐☐☐☐

HAPTIK ☐☐☐☐☐☐ | _____

ROLLUNG | ZUG ☐☐☐☐☐☐ | _____

KONSISTENZ ☐☐☐☐☐☐ | _____

RAUCHVERLAUF

GESCHMACK ☐☐☐☐☐☐

AROMA _____

KALT _____

WARM _____

_____

ABGANG _____

BEWERTUNG

VERARBEITUNG ☐☐☐☐☐☐ | _____

GESCHMACK ☐☐☐☐☐☐ | _____

PREIS-LEISTUNG ☐☐☐☐☐☐ | _____

GESAMT ☐☐☐☐☐☐ | _____

GESAMT ☐☐☐☐☐☐ | _____

GESAMT ☐☐☐☐☐☐ | _____

NAME

KAUF

PREIS

-

LÄNGE

ART

BESONDERHEITEN

UMBLATT

MARKE

HERKUNFT

FORMAT

JAHRGANG

Ø / RING

HERSTELLUNG

FÜLLUNG

VERPACKUNG

VERWENDETE TABAKE

EINLAGE

DECKBLATT

VERARBEITUNG ☐☐☐☐☐☐

HAPTIK ☐☐☐☐☐☐ | _____

ROLLUNG | ZUG ☐☐☐☐☐☐ | _____

KONSISTENZ ☐☐☐☐☐☐ | _____

RAUCHVERLAUF

GESCHMACK ☐☐☐☐☐☐

AROMA _____

KALT _____

WARM _____

_____

ABGANG _____

BEWERTUNG

VERARBEITUNG ☐☐☐☐☐☐ | _____

GESCHMACK ☐☐☐☐☐☐ | _____

PREIS-LEISTUNG ☐☐☐☐☐☐ | _____

GESAMT ☐☐☐☐☐☐ | _____

GESAMT ☐☐☐☐☐☐ | _____

GESAMT ☐☐☐☐☐☐ | _____

NAME

KAUF

PREIS

-

LÄNGE

ART

BESONDERHEITEN

UMBLATT

MARKE

HERKUNFT

FORMAT

JAHRGANG

Ø / RING

HERSTELLUNG

FÜLLUNG

VERPACKUNG

VERWENDETE TABAKE

EINLAGE

DECKBLATT

VERARBEITUNG □□□□□□

HAPTIK □□□□□□ | _____

ROLLUNG | ZUG □□□□□□ | _____

KONSISTENZ □□□□□□ | _____

RAUCHVERLAUF

GESCHMACK □□□□□□

AROMA _____

KALT _____

WARM _____

_____

ABGANG _____

BEWERTUNG

VERARBEITUNG □□□□□□ | _____

GESCHMACK □□□□□□ | _____

PREIS-LEISTUNG □□□□□□ | _____

GESAMT □□□□□□ | _____

GESAMT □□□□□□ | _____

GESAMT □□□□□□ | _____

NAME

KAUF

PREIS

-

LÄNGE

ART

BESONDERHEITEN

UMBLATT

MARKE
HERKUNFT

FORMAT

JAHRGANG

Ø / RING

HERSTELLUNG

FÜLLUNG

VERPACKUNG

VERWENDETE TABAKE

EINLAGE

DECKBLATT

NAME
KAUF

PREIS

-

LÄNGE

ART

BESONDERHEITEN

UMBLATT

VERARBEITUNG ☐☐☐☐☐☐

HAPTIK ☐☐☐☐☐☐ | _____

ROLLUNG | ZUG ☐☐☐☐☐☐ | _____

KONSISTENZ ☐☐☐☐☐☐ | _____

RAUCHVERLAUF

GESCHMACK ☐☐☐☐☐☐

AROMA _____

KALT _____

WARM _____

_____

ABGANG _____

BEWERTUNG

VERARBEITUNG ☐☐☐☐☐☐ | _____

GESCHMACK ☐☐☐☐☐☐ | _____

PREIS-LEISTUNG ☐☐☐☐☐☐ | _____

GESAMT ☐☐☐☐☐☐ | _____

GESAMT ☐☐☐☐☐☐ | _____

GESAMT ☐☐☐☐☐☐ | _____

MARKE
HERKUNFT
FORMAT

JAHRGANG

Ø / RING
HERSTELLUNG
FÜLLUNG

VERPACKUNG
VERWENDETE TABAKE
EINLAGE

DECKBLATT
VERARBEITUNG □□□□□□
HAPTIK □□□□□□ | _____

ROLLUNG | ZUG □□□□□□ | _____

KONSISTENZ □□□□□□ | _____
RAUCHVERLAUF

GESCHMACK □□□□□□
AROMA _____

KALT _____

WARM _____

_____

ABGANG _____
BEWERTUNG
VERARBEITUNG □□□□□□ | _____

GESCHMACK □□□□□□ | _____

PREIS-LEISTUNG □□□□□□ | _____

GESAMT □□□□□□ | _____

GESAMT □□□□□□ | _____

GESAMT □□□□□□ | _____

NAME
KAUF

PREIS

-

LÄNGE

ART

BESONDERHEITEN

UMBLATT

MARKE   NAME

HERKUNFT   KAUF

FORMAT   PREIS

JAHRGANG   -

Ø / RING   LÄNGE

HERSTELLUNG

FÜLLUNG   ART

VERPACKUNG   BESONDERHEITEN

VERWENDETE TABAKE

EINLAGE   UMBLATT

DECKBLATT

VERARBEITUNG   ☐☐☐☐☐☐

HAPTIK   ☐☐☐☐☐☐ | _____

ROLLUNG | ZUG   ☐☐☐☐☐☐ | _____

KONSISTENZ   ☐☐☐☐☐☐ | _____

RAUCHVERLAUF

GESCHMACK   ☐☐☐☐☐☐

AROMA   _____

KALT   _____

WARM   _____

   _____

ABGANG   _____

BEWERTUNG

VERARBEITUNG   ☐☐☐☐☐☐ | _____

GESCHMACK   ☐☐☐☐☐☐ | _____

PREIS-LEISTUNG   ☐☐☐☐☐☐ | _____

GESAMT   ☐☐☐☐☐☐ | _____

GESAMT   ☐☐☐☐☐☐ | _____

GESAMT   ☐☐☐☐☐☐ | _____

MARKE
HERKUNFT
FORMAT

JAHRGANG

Ø / RING
HERSTELLUNG
FÜLLUNG

VERPACKUNG
VERWENDETE TABAKE
EINLAGE

DECKBLATT
VERARBEITUNG □□□□□□
HAPTIK □□□□□□ | _____

ROLLUNG | ZUG □□□□□□ | _____

KONSISTENZ □□□□□□ | _____
RAUCHVERLAUF

GESCHMACK □□□□□□

AROMA _____

KALT _____

WARM _____

_____

ABGANG _____
BEWERTUNG
VERARBEITUNG □□□□□□ | _____

GESCHMACK □□□□□□ | _____

PREIS-LEISTUNG □□□□□□ | _____

GESAMT □□□□□□ | _____

GESAMT □□□□□□ | _____

GESAMT □□□□□□ | _____

NAME
KAUF

PREIS

-

LÄNGE

ART

BESONDERHEITEN

UMBLATT

MARKE

HERKUNFT
FORMAT

JAHRGANG

Ø / RING

HERSTELLUNG
FÜLLUNG

VERPACKUNG

VERWENDETE TABAKE
EINLAGE

DECKBLATT

VERARBEITUNG ☐☐☐☐☐☐
HAPTIK ☐☐☐☐☐☐ | _____

ROLLUNG | ZUG ☐☐☐☐☐☐ | _____

KONSISTENZ ☐☐☐☐☐☐ | _____

RAUCHVERLAUF

GESCHMACK ☐☐☐☐☐☐
AROMA _____

KALT _____

WARM _____

_____

ABGANG _____

BEWERTUNG
VERARBEITUNG ☐☐☐☐☐☐ | _____

GESCHMACK ☐☐☐☐☐☐ | _____

PREIS-LEISTUNG ☐☐☐☐☐☐ | _____

GESAMT ☐☐☐☐☐☐ | _____

GESAMT ☐☐☐☐☐☐ | _____

GESAMT ☐☐☐☐☐☐ | _____

NAME

KAUF

PREIS

-

LÄNGE

ART

BESONDERHEITEN

UMBLATT

MARKE

HERKUNFT

FORMAT

JAHRGANG

Ø / RING

HERSTELLUNG

FÜLLUNG

VERPACKUNG

VERWENDETE TABAKE

EINLAGE

DECKBLATT

VERARBEITUNG ☐☐☐☐☐☐

HAPTIK ☐☐☐☐☐☐ | _____

ROLLUNG | ZUG ☐☐☐☐☐☐ | _____

KONSISTENZ ☐☐☐☐☐☐ | _____

RAUCHVERLAUF

GESCHMACK ☐☐☐☐☐☐

AROMA _____

KALT _____

WARM _____

_____

ABGANG _____

BEWERTUNG

VERARBEITUNG ☐☐☐☐☐☐ | _____

GESCHMACK ☐☐☐☐☐☐ | _____

PREIS-LEISTUNG ☐☐☐☐☐☐ | _____

GESAMT ☐☐☐☐☐☐ | _____

GESAMT ☐☐☐☐☐☐ | _____

GESAMT ☐☐☐☐☐☐ | _____

NAME

KAUF

PREIS

-

LÄNGE

ART

BESONDERHEITEN

UMBLATT

MARKE   ## NAME

HERKUNFT   KAUF

FORMAT   PREIS

JAHRGANG   -

Ø / RING   LÄNGE

HERSTELLUNG

FÜLLUNG   ART

VERPACKUNG   BESONDERHEITEN

VERWENDETE TABAKE

EINLAGE   UMBLATT

DECKBLATT

VERARBEITUNG   ☐☐☐☐☐☐

HAPTIK   ☐☐☐☐☐☐ | _____

ROLLUNG | ZUG   ☐☐☐☐☐☐ | _____

KONSISTENZ   ☐☐☐☐☐☐ | _____

RAUCHVERLAUF

GESCHMACK   ☐☐☐☐☐☐

AROMA   _____

KALT   _____

WARM   _____

                     _____

ABGANG   _____

BEWERTUNG

VERARBEITUNG   ☐☐☐☐☐☐ | _____

GESCHMACK   ☐☐☐☐☐☐ | _____

PREIS-LEISTUNG   ☐☐☐☐☐☐ | _____

GESAMT   ☐☐☐☐☐☐ | _____

GESAMT   ☐☐☐☐☐☐ | _____

GESAMT   ☐☐☐☐☐☐ | _____

MARKE
HERKUNFT
FORMAT
JAHRGANG
Ø / RING
HERSTELLUNG
FÜLLUNG
VERPACKUNG
VERWENDETE TABAKE
EINLAGE
DECKBLATT
VERARBEITUNG ☐☐☐☐☐☐
HAPTIK ☐☐☐☐☐☐ | _____
ROLLUNG | ZUG ☐☐☐☐☐☐ | _____
KONSISTENZ ☐☐☐☐☐☐ | _____
RAUCHVERLAUF

GESCHMACK ☐☐☐☐☐☐
AROMA _____

KALT _____

WARM _____

_____

ABGANG _____

BEWERTUNG
VERARBEITUNG ☐☐☐☐☐☐ | _____
GESCHMACK ☐☐☐☐☐☐ | _____
PREIS-LEISTUNG ☐☐☐☐☐☐ | _____
GESAMT ☐☐☐☐☐☐ | _____
GESAMT ☐☐☐☐☐☐ | _____
GESAMT ☐☐☐☐☐☐ | _____

NAME
KAUF
PREIS
-
LÄNGE

ART
BESONDERHEITEN

UMBLATT

MARKE

HERKUNFT

FORMAT

JAHRGANG

Ø / RING

HERSTELLUNG

FÜLLUNG

VERPACKUNG

VERWENDETE TABAKE

EINLAGE

DECKBLATT

VERARBEITUNG ☐☐☐☐☐☐

HAPTIK ☐☐☐☐☐☐ | _____

ROLLUNG | ZUG ☐☐☐☐☐☐ | _____

KONSISTENZ ☐☐☐☐☐☐ | _____

RAUCHVERLAUF

GESCHMACK ☐☐☐☐☐☐

AROMA _____

KALT _____

WARM _____

_____

ABGANG _____

BEWERTUNG

VERARBEITUNG ☐☐☐☐☐☐ | _____

GESCHMACK ☐☐☐☐☐☐ | _____

PREIS-LEISTUNG ☐☐☐☐☐☐ | _____

GESAMT ☐☐☐☐☐☐ | _____

GESAMT ☐☐☐☐☐☐ | _____

GESAMT ☐☐☐☐☐☐ | _____

NAME

KAUF

PREIS

-

LÄNGE

ART

BESONDERHEITEN

UMBLATT

MARKE		**NAME**
HERKUNFT		KAUF
FORMAT		PREIS
JAHRGANG		-
Ø / RING		LÄNGE
HERSTELLUNG		
FÜLLUNG		ART
VERPACKUNG		BESONDERHEITEN
VERWENDETE TABAKE		
EINLAGE		UMBLATT
DECKBLATT		

VERARBEITUNG □□□□□□

HAPTIK □□□□□□ | _____

ROLLUNG | ZUG □□□□□□ | _____

KONSISTENZ □□□□□□ | _____

RAUCHVERLAUF

GESCHMACK □□□□□□

AROMA _____

KALT _____

WARM _____

_____

ABGANG _____

BEWERTUNG

VERARBEITUNG □□□□□□ | _____

GESCHMACK □□□□□□ | _____

PREIS-LEISTUNG □□□□□□ | _____

GESAMT □□□□□□ | _____

GESAMT □□□□□□ | _____

GESAMT □□□□□□ | _____

MARKE

HERKUNFT

FORMAT

JAHRGANG

Ø / RING

HERSTELLUNG

FÜLLUNG

VERPACKUNG

VERWENDETE TABAKE

EINLAGE

DECKBLATT

VERARBEITUNG □□□□□□

HAPTIK □□□□□□ | _____

ROLLUNG | ZUG □□□□□□ | _____

KONSISTENZ □□□□□□ | _____

RAUCHVERLAUF

GESCHMACK □□□□□□

AROMA _____

KALT _____

WARM _____

_____

ABGANG _____

BEWERTUNG

VERARBEITUNG □□□□□□ | _____

GESCHMACK □□□□□□ | _____

PREIS-LEISTUNG □□□□□□ | _____

GESAMT □□□□□□ | _____

GESAMT □□□□□□ | _____

GESAMT □□□□□□ | _____

NAME

KAUF

PREIS

-

LÄNGE

ART

BESONDERHEITEN

UMBLATT

MARKE   NAME

HERKUNFT
KAUF

FORMAT   PREIS

JAHRGANG   -

Ø / RING   LÄNGE

HERSTELLUNG

FÜLLUNG   ART

VERPACKUNG   BESONDERHEITEN

VERWENDETE TABAKE

EINLAGE   UMBLATT

DECKBLATT

VERARBEITUNG   ☐☐☐☐☐☐

HAPTIK   ☐☐☐☐☐☐ | _____

ROLLUNG | ZUG   ☐☐☐☐☐☐ | _____

KONSISTENZ   ☐☐☐☐☐☐ | _____

RAUCHVERLAUF

GESCHMACK   ☐☐☐☐☐☐

AROMA   _____

KALT   _____

WARM   _____

      _____

ABGANG   _____

BEWERTUNG

VERARBEITUNG   ☐☐☐☐☐☐ | _____

GESCHMACK   ☐☐☐☐☐☐ | _____

PREIS-LEISTUNG   ☐☐☐☐☐☐ | _____

GESAMT   ☐☐☐☐☐☐ | _____

GESAMT   ☐☐☐☐☐☐ | _____

GESAMT   ☐☐☐☐☐☐ | _____

MARKE
HERKUNFT
FORMAT

JAHRGANG

Ø / RING
HERSTELLUNG
FÜLLUNG

VERPACKUNG
VERWENDETE TABAKE
EINLAGE

DECKBLATT
VERARBEITUNG ▫▫▫▫▫▫
HAPTIK ▫▫▫▫▫▫ | _____

ROLLUNG | ZUG ▫▫▫▫▫▫ | _____

KONSISTENZ ▫▫▫▫▫▫ | _____
RAUCHVERLAUF
GESCHMACK ▫▫▫▫▫▫
AROMA _____

KALT _____

WARM _____

_____

ABGANG _____
BEWERTUNG
VERARBEITUNG ▫▫▫▫▫▫ | _____

GESCHMACK ▫▫▫▫▫▫ | _____

PREIS-LEISTUNG ▫▫▫▫▫▫ | _____

GESAMT ▫▫▫▫▫▫ | _____

GESAMT ▫▫▫▫▫▫ | _____

GESAMT ▫▫▫▫▫▫ | _____

NAME
KAUF

PREIS

-

LÄNGE

ART

BESONDERHEITEN

UMBLATT

MARKE

HERKUNFT

FORMAT

JAHRGANG

Ø / RING

HERSTELLUNG

FÜLLUNG

VERPACKUNG

VERWENDETE TABAKE

EINLAGE

DECKBLATT

VERARBEITUNG □□□□□□

HAPTIK □□□□□□ | _____

ROLLUNG | ZUG □□□□□□ | _____

KONSISTENZ □□□□□□ | _____

RAUCHVERLAUF

GESCHMACK □□□□□□

AROMA _____

KALT _____

WARM _____

_____

ABGANG _____

BEWERTUNG

VERARBEITUNG □□□□□□ | _____

GESCHMACK □□□□□□ | _____

PREIS-LEISTUNG □□□□□□ | _____

GESAMT □□□□□□ | _____

GESAMT □□□□□□ | _____

GESAMT □□□□□□ | _____

NAME

KAUF

PREIS

-

LÄNGE

ART

BESONDERHEITEN

UMBLATT

63

MARKE
HERKUNFT

FORMAT

JAHRGANG

Ø / RING

HERSTELLUNG

FÜLLUNG

VERPACKUNG

VERWENDETE TABAKE

EINLAGE

DECKBLATT

VERARBEITUNG □□□□□□

HAPTIK □□□□□□ | _____

ROLLUNG | ZUG □□□□□□ | _____

KONSISTENZ □□□□□□ | _____

RAUCHVERLAUF

GESCHMACK □□□□□□

AROMA _____

KALT _____

WARM _____

_____

ABGANG _____

BEWERTUNG

VERARBEITUNG □□□□□□ | _____

GESCHMACK □□□□□□ | _____

PREIS-LEISTUNG □□□□□□ | _____

GESAMT □□□□□□ | _____

GESAMT □□□□□□ | _____

GESAMT □□□□□□ | _____

NAME
KAUF

PREIS

-

LÄNGE

ART

BESONDERHEITEN

UMBLATT

MARKE

HERKUNFT

FORMAT

JAHRGANG

Ø / RING

HERSTELLUNG

FÜLLUNG

VERPACKUNG

VERWENDETE TABAKE

EINLAGE

DECKBLATT

VERARBEITUNG □□□□□□

HAPTIK □□□□□□ | _____

ROLLUNG | ZUG □□□□□□ | _____

KONSISTENZ □□□□□□ | _____

RAUCHVERLAUF

GESCHMACK □□□□□□

AROMA _____

KALT _____

WARM _____

_____

ABGANG _____

BEWERTUNG

VERARBEITUNG □□□□□□ | _____

GESCHMACK □□□□□□ | _____

PREIS-LEISTUNG □□□□□□ | _____

GESAMT □□□□□□ | _____

GESAMT □□□□□□ | _____

GESAMT □□□□□□ | _____

NAME

KAUF

PREIS

-

LÄNGE

ART

BESONDERHEITEN

UMBLATT

MARKE

HERKUNFT

FORMAT

JAHRGANG

Ø / RING

HERSTELLUNG

FÜLLUNG

VERPACKUNG

VERWENDETE TABAKE

EINLAGE

DECKBLATT

VERARBEITUNG ☐☐☐☐☐☐

HAPTIK ☐☐☐☐☐☐ | _____

ROLLUNG | ZUG ☐☐☐☐☐☐ | _____

KONSISTENZ ☐☐☐☐☐☐ | _____

RAUCHVERLAUF

GESCHMACK ☐☐☐☐☐☐

AROMA _____

KALT _____

WARM _____

_____

ABGANG _____

BEWERTUNG

VERARBEITUNG ☐☐☐☐☐☐ | _____

GESCHMACK ☐☐☐☐☐☐ | _____

PREIS-LEISTUNG ☐☐☐☐☐☐ | _____

GESAMT ☐☐☐☐☐☐ | _____

GESAMT ☐☐☐☐☐☐ | _____

GESAMT ☐☐☐☐☐☐ | _____

NAME

KAUF

PREIS

-

LÄNGE

ART

BESONDERHEITEN

UMBLATT

MARKE

HERKUNFT

FORMAT

JAHRGANG

Ø / RING

HERSTELLUNG

FÜLLUNG

VERPACKUNG

VERWENDETE TABAKE

EINLAGE

DECKBLATT

VERARBEITUNG ☐☐☐☐☐☐

HAPTIK ☐☐☐☐☐☐ | _____

ROLLUNG | ZUG ☐☐☐☐☐☐ | _____

KONSISTENZ ☐☐☐☐☐☐ | _____

RAUCHVERLAUF

GESCHMACK ☐☐☐☐☐☐

AROMA _____

KALT _____

WARM _____

_____

ABGANG _____

BEWERTUNG

VERARBEITUNG ☐☐☐☐☐☐ | _____

GESCHMACK ☐☐☐☐☐☐ | _____

PREIS-LEISTUNG ☐☐☐☐☐☐ | _____

GESAMT ☐☐☐☐☐☐ | _____

GESAMT ☐☐☐☐☐☐ | _____

GESAMT ☐☐☐☐☐☐ | _____

NAME

KAUF

PREIS

-

LÄNGE

ART

BESONDERHEITEN

UMBLATT

MARKE

NAME

HERKUNFT

KAUF

FORMAT

PREIS

JAHRGANG

-

Ø / RING

LÄNGE

HERSTELLUNG

FÜLLUNG

ART

VERPACKUNG

BESONDERHEITEN

VERWENDETE TABAKE

EINLAGE

UMBLATT

DECKBLATT

VERARBEITUNG ☐☐☐☐☐☐

HAPTIK ☐☐☐☐☐☐ | _____

ROLLUNG | ZUG ☐☐☐☐☐☐ | _____

KONSISTENZ ☐☐☐☐☐☐ | _____

RAUCHVERLAUF

GESCHMACK ☐☐☐☐☐☐

AROMA _____

KALT _____

WARM _____

_____

ABGANG _____

BEWERTUNG

VERARBEITUNG ☐☐☐☐☐☐ | _____

GESCHMACK ☐☐☐☐☐☐ | _____

PREIS-LEISTUNG ☐☐☐☐☐☐ | _____

GESAMT ☐☐☐☐☐☐ | _____

GESAMT ☐☐☐☐☐☐ | _____

GESAMT ☐☐☐☐☐☐ | _____

MARKE

HERKUNFT

FORMAT

JAHRGANG

Ø / RING

HERSTELLUNG

FÜLLUNG

VERPACKUNG

VERWENDETE TABAKE

EINLAGE

DECKBLATT

VERARBEITUNG □□□□□□

HAPTIK □□□□□□ | _____

ROLLUNG | ZUG □□□□□□ | _____

KONSISTENZ □□□□□□ | _____

RAUCHVERLAUF

GESCHMACK □□□□□□

AROMA _____

KALT _____

WARM _____

_____

ABGANG _____

BEWERTUNG

VERARBEITUNG □□□□□□ | _____

GESCHMACK □□□□□□ | _____

PREIS-LEISTUNG □□□□□□ | _____

GESAMT □□□□□□ | _____

GESAMT □□□□□□ | _____

GESAMT □□□□□□ | _____

NAME

KAUF

PREIS

-

LÄNGE

ART

BESONDERHEITEN

UMBLATT

69

MARKE

HERKUNFT

FORMAT

JAHRGANG

Ø / RING

HERSTELLUNG

FÜLLUNG

VERPACKUNG

VERWENDETE TABAKE

EINLAGE

DECKBLATT

VERARBEITUNG □□□□□□

HAPTIK □□□□□□ | _____

ROLLUNG | ZUG □□□□□□ | _____

KONSISTENZ □□□□□□ | _____

RAUCHVERLAUF

GESCHMACK □□□□□□

AROMA _____

KALT _____

WARM _____

_____

ABGANG _____

BEWERTUNG

VERARBEITUNG □□□□□□ | _____

GESCHMACK □□□□□□ | _____

PREIS-LEISTUNG □□□□□□ | _____

GESAMT □□□□□□ | _____

GESAMT □□□□□□ | _____

GESAMT □□□□□□ | _____

NAME

KAUF

PREIS

-

LÄNGE

ART

BESONDERHEITEN

UMBLATT

MARKE

HERKUNFT

FORMAT

JAHRGANG

Ø / RING

HERSTELLUNG

FÜLLUNG

VERPACKUNG

VERWENDETE TABAKE

EINLAGE

DECKBLATT

VERARBEITUNG ▫▫▫▫▫▫

HAPTIK ▫▫▫▫▫▫ | _____

ROLLUNG | ZUG ▫▫▫▫▫▫ | _____

KONSISTENZ ▫▫▫▫▫▫ | _____

RAUCHVERLAUF

GESCHMACK ▫▫▫▫▫▫

AROMA _____

KALT _____

WARM _____

_____

ABGANG _____

BEWERTUNG

VERARBEITUNG ▫▫▫▫▫▫ | _____

GESCHMACK ▫▫▫▫▫▫ | _____

PREIS-LEISTUNG ▫▫▫▫▫▫ | _____

GESAMT ▫▫▫▫▫▫ | _____

GESAMT ▫▫▫▫▫▫ | _____

GESAMT ▫▫▫▫▫▫ | _____

NAME

KAUF

PREIS

-

LÄNGE

ART

BESONDERHEITEN

UMBLATT

MARKE   NAME

HERKUNFT   KAUF

FORMAT   PREIS

JAHRGANG   -

Ø / RING   LÄNGE

HERSTELLUNG

FÜLLUNG   ART

VERPACKUNG   BESONDERHEITEN

VERWENDETE TABAKE

EINLAGE   UMBLATT

DECKBLATT

VERARBEITUNG   □□□□□□

HAPTIK   □□□□□□ | _____

ROLLUNG | ZUG   □□□□□□ | _____

KONSISTENZ   □□□□□□ | _____

RAUCHVERLAUF

GESCHMACK   □□□□□□

AROMA   _____

KALT   _____

WARM   _____

   _____

ABGANG   _____

BEWERTUNG

VERARBEITUNG   □□□□□□ | _____

GESCHMACK   □□□□□□ | _____

PREIS-LEISTUNG   □□□□□□ | _____

GESAMT   □□□□□□ | _____

GESAMT   □□□□□□ | _____

GESAMT   □□□□□□ | _____

MARKE

HERKUNFT

FORMAT

JAHRGANG

Ø / RING

HERSTELLUNG

FÜLLUNG

VERPACKUNG

VERWENDETE TABAKE

EINLAGE

DECKBLATT

VERARBEITUNG ☐☐☐☐☐☐

HAPTIK ☐☐☐☐☐☐ | _____

ROLLUNG | ZUG ☐☐☐☐☐☐ | _____

KONSISTENZ ☐☐☐☐☐☐ | _____

RAUCHVERLAUF

GESCHMACK ☐☐☐☐☐☐

AROMA _____

KALT _____

WARM _____

_____

ABGANG _____

BEWERTUNG

VERARBEITUNG ☐☐☐☐☐☐ | _____

GESCHMACK ☐☐☐☐☐☐ | _____

PREIS-LEISTUNG ☐☐☐☐☐☐ | _____

GESAMT ☐☐☐☐☐☐ | _____

GESAMT ☐☐☐☐☐☐ | _____

GESAMT ☐☐☐☐☐☐ | _____

NAME

KAUF

PREIS

-

LÄNGE

ART

BESONDERHEITEN

UMBLATT

MARKE

HERKUNFT

FORMAT

JAHRGANG

Ø / RING

HERSTELLUNG

FÜLLUNG

VERPACKUNG

VERWENDETE TABAKE

EINLAGE

DECKBLATT

VERARBEITUNG □□□□□□

HAPTIK □□□□□□ | _____

ROLLUNG | ZUG □□□□□□ | _____

KONSISTENZ □□□□□□ | _____

RAUCHVERLAUF

GESCHMACK □□□□□□

AROMA _____

KALT _____

WARM _____

_____

ABGANG _____

BEWERTUNG

VERARBEITUNG □□□□□□ | _____

GESCHMACK □□□□□□ | _____

PREIS-LEISTUNG □□□□□□ | _____

GESAMT □□□□□□ | _____

GESAMT □□□□□□ | _____

GESAMT □□□□□□ | _____

NAME

KAUF

PREIS

-

LÄNGE

ART

BESONDERHEITEN

UMBLATT

MARKE
HERKUNFT
FORMAT

JAHRGANG

Ø / RING

HERSTELLUNG
FÜLLUNG

VERPACKUNG

VERWENDETE TABAKE
EINLAGE

DECKBLATT

VERARBEITUNG ☐☐☐☐☐☐
HAPTIK ☐☐☐☐☐☐ | _____

ROLLUNG | ZUG ☐☐☐☐☐☐ | _____

KONSISTENZ ☐☐☐☐☐☐ | _____

RAUCHVERLAUF

GESCHMACK ☐☐☐☐☐☐
AROMA _____

KALT _____

WARM _____

_____

ABGANG _____

BEWERTUNG
VERARBEITUNG ☐☐☐☐☐☐ | _____

GESCHMACK ☐☐☐☐☐☐ | _____

PREIS-LEISTUNG ☐☐☐☐☐☐ | _____

GESAMT ☐☐☐☐☐☐ | _____

GESAMT ☐☐☐☐☐☐ | _____

GESAMT ☐☐☐☐☐☐ | _____

NAME
KAUF

PREIS

-

LÄNGE

ART

BESONDERHEITEN

UMBLATT

MARKE
HERKUNFT

FORMAT

JAHRGANG

Ø / RING

HERSTELLUNG

FÜLLUNG

VERPACKUNG

VERWENDETE TABAKE

EINLAGE

DECKBLATT

VERARBEITUNG □□□□□□

HAPTIK □□□□□□ | _____

ROLLUNG | ZUG □□□□□□ | _____

KONSISTENZ □□□□□□ | _____

RAUCHVERLAUF

GESCHMACK □□□□□□

AROMA _____

KALT _____

WARM _____

_____

ABGANG _____

BEWERTUNG

VERARBEITUNG □□□□□□ | _____

GESCHMACK □□□□□□ | _____

PREIS-LEISTUNG □□□□□□ | _____

GESAMT □□□□□□ | _____

GESAMT □□□□□□ | _____

GESAMT □□□□□□ | _____

NAME
KAUF

PREIS

-

LÄNGE

ART

BESONDERHEITEN

UMBLATT

MARKE
HERKUNFT
FORMAT

JAHRGANG

Ø / RING

HERSTELLUNG
FÜLLUNG

VERPACKUNG

VERWENDETE TABAKE
EINLAGE

DECKBLATT

VERARBEITUNG   □□□□□□
HAPTIK   □□□□□□ | _____

ROLLUNG | ZUG   □□□□□□ | _____

KONSISTENZ   □□□□□□ | _____

RAUCHVERLAUF

GESCHMACK   □□□□□□

AROMA   _____

KALT   _____

WARM   _____

                         _____

ABGANG   _____

BEWERTUNG
VERARBEITUNG   □□□□□□ | _____

GESCHMACK   □□□□□□ | _____

PREIS-LEISTUNG   □□□□□□ | _____

GESAMT   □□□□□□ | _____

GESAMT   □□□□□□ | _____

GESAMT   □□□□□□ | _____

NAME
KAUF

PREIS

-

LÄNGE

ART

BESONDERHEITEN

UMBLATT

MARKE
HERKUNFT
FORMAT

JAHRGANG

Ø / RING

HERSTELLUNG
FÜLLUNG

VERPACKUNG

VERWENDETE TABAKE
EINLAGE

DECKBLATT

VERARBEITUNG ☐☐☐☐☐☐

HAPTIK ☐☐☐☐☐☐ | _____

ROLLUNG | ZUG ☐☐☐☐☐☐ | _____

KONSISTENZ ☐☐☐☐☐☐ | _____

RAUCHVERLAUF

GESCHMACK ☐☐☐☐☐☐

AROMA _____

KALT _____

WARM _____

_____

ABGANG _____

BEWERTUNG

VERARBEITUNG ☐☐☐☐☐☐ | _____

GESCHMACK ☐☐☐☐☐☐ | _____

PREIS-LEISTUNG ☐☐☐☐☐☐ | _____

GESAMT ☐☐☐☐☐☐ | _____

GESAMT ☐☐☐☐☐☐ | _____

GESAMT ☐☐☐☐☐☐ | _____

NAME
KAUF

PREIS

-

LÄNGE

ART

BESONDERHEITEN

UMBLATT

MARKE
HERKUNFT
FORMAT

JAHRGANG

Ø / RING
HERSTELLUNG
FÜLLUNG

VERPACKUNG
VERWENDETE TABAKE
EINLAGE

DECKBLATT
VERARBEITUNG □□□□□□
HAPTIK □□□□□□ | _____

ROLLUNG | ZUG □□□□□□ | _____

KONSISTENZ □□□□□□ | _____
RAUCHVERLAUF

GESCHMACK □□□□□□
AROMA _____

KALT _____

WARM _____

_____

ABGANG _____
BEWERTUNG
VERARBEITUNG □□□□□□ | _____

GESCHMACK □□□□□□ | _____

PREIS-LEISTUNG □□□□□□ | _____

GESAMT □□□□□□ | _____

GESAMT □□□□□□ | _____

GESAMT □□□□□□ | _____

NAME
KAUF

PREIS

-

LÄNGE

ART

BESONDERHEITEN

UMBLATT

MARKE
HERKUNFT
FORMAT

JAHRGANG

Ø / RING

HERSTELLUNG
FÜLLUNG

VERPACKUNG

VERWENDETE TABAKE
EINLAGE

DECKBLATT

VERARBEITUNG □□□□□□

HAPTIK □□□□□□ | _____

ROLLUNG | ZUG □□□□□□ | _____

KONSISTENZ □□□□□□ | _____

RAUCHVERLAUF

GESCHMACK □□□□□□

AROMA _____

KALT _____

WARM _____

_____

ABGANG _____

BEWERTUNG
VERARBEITUNG □□□□□□ | _____

GESCHMACK □□□□□□ | _____

PREIS-LEISTUNG □□□□□□ | _____

GESAMT □□□□□□ | _____

GESAMT □□□□□□ | _____

GESAMT □□□□□□ | _____

NAME
KAUF

PREIS

-

LÄNGE

ART

BESONDERHEITEN

UMBLATT

MARKE
HERKUNFT
FORMAT

JAHRGANG

Ø / RING

HERSTELLUNG
FÜLLUNG

VERPACKUNG

VERWENDETE TABAKE
EINLAGE

DECKBLATT

VERARBEITUNG   □□□□□□

HAPTIK   □□□□□□ | _____

ROLLUNG | ZUG   □□□□□□ | _____

KONSISTENZ   □□□□□□ | _____

RAUCHVERLAUF

GESCHMACK   □□□□□□

AROMA _____

KALT _____

WARM _____

_____

ABGANG _____

BEWERTUNG
VERARBEITUNG   □□□□□□ | _____

GESCHMACK   □□□□□□ | _____

PREIS-LEISTUNG   □□□□□□ | _____

GESAMT   □□□□□□ | _____

GESAMT   □□□□□□ | _____

GESAMT   □□□□□□ | _____

NAME
KAUF

PREIS

-

LÄNGE

ART

BESONDERHEITEN

UMBLATT

MARKE
HERKUNFT
FORMAT

JAHRGANG

Ø / RING
HERSTELLUNG
FÜLLUNG

VERPACKUNG
VERWENDETE TABAKE
EINLAGE

DECKBLATT

NAME
KAUF

PREIS

-

LÄNGE

ART

BESONDERHEITEN

UMBLATT

VERARBEITUNG □□□□□□

HAPTIK □□□□□□ | _____

ROLLUNG | ZUG □□□□□□ | _____

KONSISTENZ □□□□□□ | _____

RAUCHVERLAUF

GESCHMACK □□□□□□

AROMA _____

KALT _____

WARM _____

_____

ABGANG _____

BEWERTUNG

VERARBEITUNG □□□□□□ | _____

GESCHMACK □□□□□□ | _____

PREIS-LEISTUNG □□□□□□ | _____

GESAMT □□□□□□ | _____

GESAMT □□□□□□ | _____

GESAMT □□□□□□ | _____

MARKE

HERKUNFT
FORMAT
JAHRGANG
Ø / RING
HERSTELLUNG
FÜLLUNG
VERPACKUNG
VERWENDETE TABAKE
EINLAGE
DECKBLATT
VERARBEITUNG ☐☐☐☐☐☐
HAPTIK ☐☐☐☐☐☐ | _____
ROLLUNG | ZUG ☐☐☐☐☐☐ | _____
KONSISTENZ ☐☐☐☐☐☐ | _____
RAUCHVERLAUF

GESCHMACK ☐☐☐☐☐☐
AROMA _____
KALT _____
WARM _____
_____
ABGANG _____
BEWERTUNG
VERARBEITUNG ☐☐☐☐☐☐ | _____
GESCHMACK ☐☐☐☐☐☐ | _____
PREIS-LEISTUNG ☐☐☐☐☐☐ | _____
GESAMT ☐☐☐☐☐☐ | _____
GESAMT ☐☐☐☐☐☐ | _____
GESAMT ☐☐☐☐☐☐ | _____

NAME

KAUF
PREIS
-
LÄNGE

ART
BESONDERHEITEN

UMBLATT

MARKE

HERKUNFT

FORMAT

JAHRGANG

Ø / RING

HERSTELLUNG

FÜLLUNG

VERPACKUNG

VERWENDETE TABAKE

EINLAGE

DECKBLATT

VERARBEITUNG ☐☐☐☐☐☐

HAPTIK ☐☐☐☐☐☐ | _____

ROLLUNG | ZUG ☐☐☐☐☐☐ | _____

KONSISTENZ ☐☐☐☐☐☐ | _____

RAUCHVERLAUF

GESCHMACK ☐☐☐☐☐☐

AROMA _____

KALT _____

WARM _____

_____

ABGANG _____

BEWERTUNG

VERARBEITUNG ☐☐☐☐☐☐ | _____

GESCHMACK ☐☐☐☐☐☐ | _____

PREIS-LEISTUNG ☐☐☐☐☐☐ | _____

GESAMT ☐☐☐☐☐☐ | _____

GESAMT ☐☐☐☐☐☐ | _____

GESAMT ☐☐☐☐☐☐ | _____

NAME

KAUF

PREIS

-

LÄNGE

ART

BESONDERHEITEN

UMBLATT

84

MARKE

NAME

HERKUNFT

KAUF

FORMAT

PREIS

JAHRGANG

-

Ø / RING

LÄNGE

HERSTELLUNG

FÜLLUNG

ART

VERPACKUNG

BESONDERHEITEN

VERWENDETE TABAKE

EINLAGE

UMBLATT

DECKBLATT

VERARBEITUNG

□□□□□□

HAPTIK

□□□□□□ | _____

ROLLUNG | ZUG

□□□□□□ | _____

KONSISTENZ

□□□□□□ | _____

RAUCHVERLAUF

GESCHMACK

□□□□□□

AROMA

_____

KALT

_____

WARM

_____

_____

ABGANG

_____

BEWERTUNG

VERARBEITUNG

□□□□□□ | _____

GESCHMACK

□□□□□□ | _____

PREIS-LEISTUNG

□□□□□□ | _____

GESAMT

□□□□□□ | _____

GESAMT

□□□□□□ | _____

GESAMT

□□□□□□ | _____

MARKE

NAME

HERKUNFT   KAUF

FORMAT   PREIS

JAHRGANG   -

Ø / RING   LÄNGE

HERSTELLUNG

FÜLLUNG   ART

VERPACKUNG   BESONDERHEITEN

VERWENDETE TABAKE

EINLAGE   UMBLATT

DECKBLATT

VERARBEITUNG   □□□□□□

HAPTIK   □□□□□□ | _____

ROLLUNG | ZUG   □□□□□□ | _____

KONSISTENZ   □□□□□□ | _____

RAUCHVERLAUF

GESCHMACK   □□□□□□

AROMA   _____

KALT   _____

WARM   _____

_____

ABGANG   _____

BEWERTUNG

VERARBEITUNG   □□□□□□ | _____

GESCHMACK   □□□□□□ | _____

PREIS-LEISTUNG   □□□□□□ | _____

GESAMT   □□□□□□ | _____

GESAMT   □□□□□□ | _____

GESAMT   □□□□□□ | _____

MARKE
HERKUNFT
FORMAT

JAHRGANG

Ø / RING

HERSTELLUNG
FÜLLUNG

VERPACKUNG

VERWENDETE TABAKE
EINLAGE

DECKBLATT

VERARBEITUNG   □□□□□□
HAPTIK   □□□□□□ | _____

ROLLUNG | ZUG   □□□□□□ | _____

KONSISTENZ   □□□□□□ | _____

RAUCHVERLAUF

GESCHMACK   □□□□□□
AROMA   _____

KALT   _____

WARM   _____

_____

ABGANG   _____

BEWERTUNG
VERARBEITUNG   □□□□□□ | _____

GESCHMACK   □□□□□□ | _____

PREIS-LEISTUNG   □□□□□□ | _____

GESAMT   □□□□□□ | _____

GESAMT   □□□□□□ | _____

GESAMT   □□□□□□ | _____

NAME
KAUF

PREIS

-

LÄNGE

ART

BESONDERHEITEN

UMBLATT

MARKE

HERKUNFT

FORMAT

JAHRGANG

Ø / RING

HERSTELLUNG

FÜLLUNG

VERPACKUNG

VERWENDETE TABAKE

EINLAGE

DECKBLATT

VERARBEITUNG ☐☐☐☐☐☐

HAPTIK ☐☐☐☐☐☐ | _____

ROLLUNG | ZUG ☐☐☐☐☐☐ | _____

KONSISTENZ ☐☐☐☐☐☐ | _____

RAUCHVERLAUF

GESCHMACK ☐☐☐☐☐☐

AROMA _____

KALT _____

WARM _____

_____

ABGANG _____

BEWERTUNG

VERARBEITUNG ☐☐☐☐☐☐ | _____

GESCHMACK ☐☐☐☐☐☐ | _____

PREIS-LEISTUNG ☐☐☐☐☐☐ | _____

GESAMT ☐☐☐☐☐☐ | _____

GESAMT ☐☐☐☐☐☐ | _____

GESAMT ☐☐☐☐☐☐ | _____

NAME

KAUF

PREIS

-

LÄNGE

ART

BESONDERHEITEN

UMBLATT

MARKE
HERKUNFT
FORMAT

JAHRGANG

Ø / RING

HERSTELLUNG
FÜLLUNG

VERPACKUNG

VERWENDETE TABAKE
EINLAGE

DECKBLATT

VERARBEITUNG
HAPTIK □□□□□□ | _____

ROLLUNG | ZUG □□□□□□ | _____

KONSISTENZ □□□□□□ | _____

RAUCHVERLAUF

GESCHMACK □□□□□□
AROMA _____

KALT _____

WARM _____

_____

ABGANG _____

BEWERTUNG
VERARBEITUNG □□□□□□ | _____

GESCHMACK □□□□□□ | _____

PREIS-LEISTUNG □□□□□□ | _____

GESAMT □□□□□□ | _____

GESAMT □□□□□□ | _____

GESAMT □□□□□□ | _____

NAME
KAUF

PREIS

-

LÄNGE

ART

BESONDERHEITEN

UMBLATT

MARKE

HERKUNFT

FORMAT

JAHRGANG

Ø / RING

HERSTELLUNG

FÜLLUNG

VERPACKUNG

VERWENDETE TABAKE

EINLAGE

DECKBLATT

VERARBEITUNG □□□□□□

HAPTIK □□□□□□ | _____

ROLLUNG | ZUG □□□□□□ | _____

KONSISTENZ □□□□□□ | _____

RAUCHVERLAUF

GESCHMACK □□□□□□

AROMA _____

KALT _____

WARM _____

_____

ABGANG _____

BEWERTUNG

VERARBEITUNG □□□□□□ | _____

GESCHMACK □□□□□□ | _____

PREIS-LEISTUNG □□□□□□ | _____

GESAMT □□□□□□ | _____

GESAMT □□□□□□ | _____

GESAMT □□□□□□ | _____

NAME

KAUF

PREIS

-

LÄNGE

ART

BESONDERHEITEN

UMBLATT

MARKE
HERKUNFT
FORMAT
JAHRGANG
Ø / RING

HERSTELLUNG
FÜLLUNG
VERPACKUNG

VERWENDETE TABAKE
EINLAGE
DECKBLATT

VERARBEITUNG
HAPTIK ☐☐☐☐☐☐ | _____
ROLLUNG | ZUG ☐☐☐☐☐☐ | _____
KONSISTENZ ☐☐☐☐☐☐ | _____

RAUCHVERLAUF

GESCHMACK
☐☐☐☐☐☐

AROMA _____

KALT _____

WARM _____

_____

ABGANG _____

BEWERTUNG
VERARBEITUNG ☐☐☐☐☐☐ | _____

GESCHMACK ☐☐☐☐☐☐ | _____

PREIS-LEISTUNG ☐☐☐☐☐☐ | _____

GESAMT ☐☐☐☐☐☐ | _____

GESAMT ☐☐☐☐☐☐ | _____

GESAMT ☐☐☐☐☐☐ | _____

NAME
KAUF
PREIS
-
LÄNGE

ART
BESONDERHEITEN

UMBLATT

MARKE

NAME

HERKUNFT
FORMAT

JAHRGANG

Ø / RING

HERSTELLUNG
FÜLLUNG

VERPACKUNG

VERWENDETE TABAKE
EINLAGE

DECKBLATT

KAUF

PREIS

-

LÄNGE

ART

BESONDERHEITEN

UMBLATT

VERARBEITUNG   ☐☐☐☐☐☐
HAPTIK   ☐☐☐☐☐☐ | _____

ROLLUNG | ZUG   ☐☐☐☐☐☐ | _____

KONSISTENZ   ☐☐☐☐☐☐ | _____

RAUCHVERLAUF

GESCHMACK   ☐☐☐☐☐☐
AROMA   _____

KALT   _____

WARM   _____

_____

ABGANG   _____

BEWERTUNG
VERARBEITUNG   ☐☐☐☐☐☐ | _____

GESCHMACK   ☐☐☐☐☐☐ | _____

PREIS-LEISTUNG   ☐☐☐☐☐☐ | _____

GESAMT   ☐☐☐☐☐☐ | _____

GESAMT   ☐☐☐☐☐☐ | _____

GESAMT   ☐☐☐☐☐☐ | _____

MARKE
HERKUNFT
FORMAT

JAHRGANG

Ø / RING

HERSTELLUNG
FÜLLUNG

VERPACKUNG

VERWENDETE TABAKE
EINLAGE

DECKBLATT

VERARBEITUNG   □□□□□□

HAPTIK   □□□□□□ | _____

ROLLUNG | ZUG   □□□□□□ | _____

KONSISTENZ   □□□□□□ | _____

RAUCHVERLAUF

GESCHMACK   □□□□□□

AROMA   _____

KALT   _____

WARM   _____

_____

ABGANG   _____

BEWERTUNG
VERARBEITUNG   □□□□□□ | _____

GESCHMACK   □□□□□□ | _____

PREIS-LEISTUNG   □□□□□□ | _____

GESAMT   □□□□□□ | _____

GESAMT   □□□□□□ | _____

GESAMT   □□□□□□ | _____

NAME
KAUF

PREIS

-

LÄNGE

ART

BESONDERHEITEN

UMBLATT

MARKE

NAME

HERKUNFT

KAUF

FORMAT

PREIS

JAHRGANG

-

Ø / RING

LÄNGE

HERSTELLUNG

FÜLLUNG

ART

VERPACKUNG

BESONDERHEITEN

VERWENDETE TABAKE

EINLAGE

UMBLATT

DECKBLATT

VERARBEITUNG □□□□□□

HAPTIK □□□□□□ | _____

ROLLUNG | ZUG □□□□□□ | _____

KONSISTENZ □□□□□□ | _____

RAUCHVERLAUF

GESCHMACK □□□□□□

AROMA _____

KALT _____

WARM _____

_____

ABGANG _____

BEWERTUNG

VERARBEITUNG □□□□□□ | _____

GESCHMACK □□□□□□ | _____

PREIS-LEISTUNG □□□□□□ | _____

GESAMT □□□□□□ | _____

GESAMT □□□□□□ | _____

GESAMT □□□□□□ | _____

MARKE

HERKUNFT

FORMAT

JAHRGANG

Ø / RING

HERSTELLUNG

FÜLLUNG

VERPACKUNG

VERWENDETE TABAKE

EINLAGE

DECKBLATT

VERARBEITUNG ☐☐☐☐☐☐

HAPTIK ☐☐☐☐☐☐ | _____

ROLLUNG | ZUG ☐☐☐☐☐☐ | _____

KONSISTENZ ☐☐☐☐☐☐ | _____

RAUCHVERLAUF

GESCHMACK ☐☐☐☐☐☐

AROMA _____

KALT _____

WARM _____

_____

ABGANG _____

BEWERTUNG

VERARBEITUNG ☐☐☐☐☐☐ | _____

GESCHMACK ☐☐☐☐☐☐ | _____

PREIS-LEISTUNG ☐☐☐☐☐☐ | _____

GESAMT ☐☐☐☐☐☐ | _____

GESAMT ☐☐☐☐☐☐ | _____

GESAMT ☐☐☐☐☐☐ | _____

NAME

KAUF

PREIS

-

LÄNGE

ART

BESONDERHEITEN

UMBLATT

MARKE

HERKUNFT

FORMAT

JAHRGANG

Ø / RING

HERSTELLUNG

FÜLLUNG

VERPACKUNG

VERWENDETE TABAKE

EINLAGE

DECKBLATT

VERARBEITUNG ☐☐☐☐☐

HAPTIK ☐☐☐☐☐ | _____

ROLLUNG | ZUG ☐☐☐☐☐ | _____

KONSISTENZ ☐☐☐☐☐ | _____

RAUCHVERLAUF

GESCHMACK ☐☐☐☐☐

AROMA _____

KALT _____

WARM _____

_____

ABGANG _____

BEWERTUNG

VERARBEITUNG ☐☐☐☐☐ | _____

GESCHMACK ☐☐☐☐☐ | _____

PREIS-LEISTUNG ☐☐☐☐☐ | _____

GESAMT ☐☐☐☐☐ | _____

GESAMT ☐☐☐☐☐ | _____

GESAMT ☐☐☐☐☐ | _____

NAME

KAUF

PREIS

-

LÄNGE

ART

BESONDERHEITEN

UMBLATT

MARKE
HERKUNFT
FORMAT

JAHRGANG

Ø / RING
HERSTELLUNG
FÜLLUNG

VERPACKUNG
VERWENDETE TABAKE
EINLAGE

DECKBLATT

VERARBEITUNG □□□□□□

HAPTIK □□□□□□ | _____

ROLLUNG | ZUG □□□□□□ | _____

KONSISTENZ □□□□□□ | _____

RAUCHVERLAUF

GESCHMACK □□□□□□

AROMA _____

KALT _____

WARM _____

_____

ABGANG _____

BEWERTUNG

VERARBEITUNG □□□□□□ | _____

GESCHMACK □□□□□□ | _____

PREIS-LEISTUNG □□□□□□ | _____

GESAMT □□□□□□ | _____

GESAMT □□□□□□ | _____

GESAMT □□□□□□ | _____

NAME
KAUF

PREIS

-

LÄNGE

ART

BESONDERHEITEN

UMBLATT

MARKE
HERKUNFT
FORMAT

JAHRGANG

Ø / RING

HERSTELLUNG
FÜLLUNG

VERPACKUNG

VERWENDETE TABAKE
EINLAGE

DECKBLATT

VERARBEITUNG ☐☐☐☐☐☐

HAPTIK ☐☐☐☐☐☐ | _____

ROLLUNG | ZUG ☐☐☐☐☐☐ | _____

KONSISTENZ ☐☐☐☐☐☐ | _____

RAUCHVERLAUF

GESCHMACK ☐☐☐☐☐☐

AROMA _____

KALT _____

WARM _____

_____

ABGANG _____

BEWERTUNG

VERARBEITUNG ☐☐☐☐☐☐ | _____

GESCHMACK ☐☐☐☐☐☐ | _____

PREIS-LEISTUNG ☐☐☐☐☐☐ | _____

GESAMT ☐☐☐☐☐☐ | _____

GESAMT ☐☐☐☐☐☐ | _____

GESAMT ☐☐☐☐☐☐ | _____

NAME
KAUF

PREIS

-

LÄNGE

ART

BESONDERHEITEN

UMBLATT

MARKE

HERKUNFT

FORMAT

JAHRGANG

Ø / RING

HERSTELLUNG

FÜLLUNG

VERPACKUNG

VERWENDETE TABAKE

EINLAGE

DECKBLATT

VERARBEITUNG ☐☐☐☐☐☐

HAPTIK ☐☐☐☐☐☐ | _____

ROLLUNG | ZUG ☐☐☐☐☐☐ | _____

KONSISTENZ ☐☐☐☐☐☐ | _____

RAUCHVERLAUF

GESCHMACK ☐☐☐☐☐☐

AROMA _____

KALT _____

WARM _____

_____

ABGANG _____

BEWERTUNG

VERARBEITUNG ☐☐☐☐☐☐ | _____

GESCHMACK ☐☐☐☐☐☐ | _____

PREIS-LEISTUNG ☐☐☐☐☐☐ | _____

GESAMT ☐☐☐☐☐☐ | _____

GESAMT ☐☐☐☐☐☐ | _____

GESAMT ☐☐☐☐☐☐ | _____

NAME

KAUF

PREIS

-

LÄNGE

ART

BESONDERHEITEN

UMBLATT

MARKE
HERKUNFT
FORMAT

JAHRGANG

Ø / RING

HERSTELLUNG
FÜLLUNG

VERPACKUNG

VERWENDETE TABAKE
EINLAGE

DECKBLATT

VERARBEITUNG ☐☐☐☐☐☐

HAPTIK ☐☐☐☐☐☐ | _____

ROLLUNG | ZUG ☐☐☐☐☐☐ | _____

KONSISTENZ ☐☐☐☐☐☐ | _____

RAUCHVERLAUF

GESCHMACK ☐☐☐☐☐☐

AROMA _____

KALT _____

WARM _____

_____

ABGANG _____

BEWERTUNG

VERARBEITUNG ☐☐☐☐☐☐ | _____

GESCHMACK ☐☐☐☐☐☐ | _____

PREIS-LEISTUNG ☐☐☐☐☐☐ | _____

GESAMT ☐☐☐☐☐☐ | _____

GESAMT ☐☐☐☐☐☐ | _____

GESAMT ☐☐☐☐☐☐ | _____

NAME
KAUF

PREIS

-

LÄNGE

ART

BESONDERHEITEN

UMBLATT

MARKE

HERKUNFT

FORMAT

JAHRGANG

Ø / RING

HERSTELLUNG

FÜLLUNG

VERPACKUNG

VERWENDETE TABAKE

EINLAGE

DECKBLATT

VERARBEITUNG ☐☐☐☐☐☐

HAPTIK ☐☐☐☐☐☐ | _____

ROLLUNG | ZUG ☐☐☐☐☐☐ | _____

KONSISTENZ ☐☐☐☐☐☐ | _____

RAUCHVERLAUF

GESCHMACK ☐☐☐☐☐☐

AROMA _____

KALT _____

WARM _____

_____

ABGANG _____

BEWERTUNG

VERARBEITUNG ☐☐☐☐☐☐ | _____

GESCHMACK ☐☐☐☐☐☐ | _____

PREIS-LEISTUNG ☐☐☐☐☐☐ | _____

GESAMT ☐☐☐☐☐☐ | _____

GESAMT ☐☐☐☐☐☐ | _____

GESAMT ☐☐☐☐☐☐ | _____

NAME

KAUF

PREIS

-

LÄNGE

ART

BESONDERHEITEN

UMBLATT

MARKE   NAME

HERKUNFT   KAUF

FORMAT   PREIS

JAHRGANG   -

Ø / RING   LÄNGE

HERSTELLUNG

FÜLLUNG   ART

VERPACKUNG   BESONDERHEITEN

VERWENDETE TABAKE

EINLAGE   UMBLATT

DECKBLATT

VERARBEITUNG   ☐☐☐☐☐☐

HAPTIK   ☐☐☐☐☐☐ | _____

ROLLUNG | ZUG   ☐☐☐☐☐☐ | _____

KONSISTENZ   ☐☐☐☐☐☐ | _____

RAUCHVERLAUF

GESCHMACK   ☐☐☐☐☐☐

AROMA   _____

KALT   _____

WARM   _____

   _____

ABGANG   _____

BEWERTUNG

VERARBEITUNG   ☐☐☐☐☐☐ | _____

GESCHMACK   ☐☐☐☐☐☐ | _____

PREIS-LEISTUNG   ☐☐☐☐☐☐ | _____

GESAMT   ☐☐☐☐☐☐ | _____

GESAMT   ☐☐☐☐☐☐ | _____

GESAMT   ☐☐☐☐☐☐ | _____

MARKE
HERKUNFT
FORMAT

JAHRGANG

Ø / RING

HERSTELLUNG
FÜLLUNG

VERPACKUNG

VERWENDETE TABAKE
EINLAGE

DECKBLATT

VERARBEITUNG □□□□□□

HAPTIK □□□□□□ | _____

ROLLUNG | ZUG □□□□□□ | _____

KONSISTENZ □□□□□□ | _____

RAUCHVERLAUF

GESCHMACK □□□□□□

AROMA _____

KALT _____

WARM _____

_____

ABGANG _____

BEWERTUNG

VERARBEITUNG □□□□□□ | _____

GESCHMACK □□□□□□ | _____

PREIS-LEISTUNG □□□□□□ | _____

GESAMT □□□□□□ | _____

GESAMT □□□□□□ | _____

GESAMT □□□□□□ | _____

NAME
KAUF

PREIS

-

LÄNGE

ART

BESONDERHEITEN

UMBLATT

MARKE
HERKUNFT
FORMAT

JAHRGANG

Ø / RING
HERSTELLUNG
FÜLLUNG

VERPACKUNG
VERWENDETE TABAKE
EINLAGE

DECKBLATT
VERARBEITUNG ☐☐☐☐☐☐
HAPTIK ☐☐☐☐☐☐ | _____

ROLLUNG | ZUG ☐☐☐☐☐☐ | _____

KONSISTENZ ☐☐☐☐☐☐ | _____

RAUCHVERLAUF

GESCHMACK ☐☐☐☐☐☐
AROMA _____

KALT _____

WARM _____

_____

ABGANG _____

BEWERTUNG
VERARBEITUNG ☐☐☐☐☐☐ | _____

GESCHMACK ☐☐☐☐☐☐ | _____

PREIS-LEISTUNG ☐☐☐☐☐☐ | _____

GESAMT ☐☐☐☐☐☐ | _____

GESAMT ☐☐☐☐☐☐ | _____

GESAMT ☐☐☐☐☐☐ | _____

NAME
KAUF

PREIS

-

LÄNGE

ART

BESONDERHEITEN

UMBLATT

MARKE

HERKUNFT
FORMAT

JAHRGANG

Ø / RING

HERSTELLUNG
FÜLLUNG

VERPACKUNG

VERWENDETE TABAKE
EINLAGE

DECKBLATT

VERARBEITUNG ☐☐☐☐☐☐

HAPTIK ☐☐☐☐☐☐ | _____

ROLLUNG | ZUG ☐☐☐☐☐☐ | _____

KONSISTENZ ☐☐☐☐☐☐ | _____

RAUCHVERLAUF

GESCHMACK ☐☐☐☐☐☐

AROMA _____

KALT _____

WARM _____

_____

ABGANG _____

BEWERTUNG

VERARBEITUNG ☐☐☐☐☐☐ | _____

GESCHMACK ☐☐☐☐☐☐ | _____

PREIS-LEISTUNG ☐☐☐☐☐☐ | _____

GESAMT ☐☐☐☐☐☐ | _____

GESAMT ☐☐☐☐☐☐ | _____

GESAMT ☐☐☐☐☐☐ | _____

NAME

KAUF

PREIS

-

LÄNGE

ART

BESONDERHEITEN

UMBLATT

MARKE   # NAME

HERKUNFT   KAUF

FORMAT   PREIS

JAHRGANG   -

Ø / RING   LÄNGE

HERSTELLUNG

FÜLLUNG   ART

VERPACKUNG   BESONDERHEITEN

VERWENDETE TABAKE

EINLAGE   UMBLATT

DECKBLATT

VERARBEITUNG   □□□□□□

HAPTIK   □□□□□□ | _____

ROLLUNG | ZUG   □□□□□□ | _____

KONSISTENZ   □□□□□□ | _____

RAUCHVERLAUF

GESCHMACK   □□□□□□

AROMA   _____

KALT   _____

WARM   _____

                    _____

ABGANG   _____

BEWERTUNG

VERARBEITUNG   □□□□□□ | _____

GESCHMACK   □□□□□□ | _____

PREIS-LEISTUNG   □□□□□□ | _____

GESAMT   □□□□□□ | _____

GESAMT   □□□□□□ | _____

GESAMT   □□□□□□ | _____

MARKE
HERKUNFT
FORMAT

JAHRGANG

Ø / RING

HERSTELLUNG
FÜLLUNG

VERPACKUNG

VERWENDETE TABAKE
EINLAGE

DECKBLATT

VERARBEITUNG □□□□□□
HAPTIK □□□□□□ | _____

ROLLUNG | ZUG □□□□□□ | _____

KONSISTENZ □□□□□□ | _____

RAUCHVERLAUF

GESCHMACK □□□□□□
AROMA _____

KALT _____

WARM _____

_____

ABGANG _____

BEWERTUNG
VERARBEITUNG □□□□□□ | _____

GESCHMACK □□□□□□ | _____

PREIS-LEISTUNG □□□□□□ | _____

GESAMT □□□□□□ | _____

GESAMT □□□□□□ | _____

GESAMT □□□□□□ | _____

NAME
KAUF

PREIS

-

LÄNGE

ART

BESONDERHEITEN

UMBLATT

MARKE
HERKUNFT
FORMAT

JAHRGANG

Ø / RING

HERSTELLUNG
FÜLLUNG

VERPACKUNG

VERWENDETE TABAKE
EINLAGE

DECKBLATT

VERARBEITUNG ☐☐☐☐☐☐

HAPTIK ☐☐☐☐☐☐ | _____

ROLLUNG | ZUG ☐☐☐☐☐☐ | _____

KONSISTENZ ☐☐☐☐☐☐ | _____

RAUCHVERLAUF

GESCHMACK ☐☐☐☐☐☐

AROMA _____

KALT _____

WARM _____

_____

ABGANG _____

BEWERTUNG

VERARBEITUNG ☐☐☐☐☐☐ | _____

GESCHMACK ☐☐☐☐☐☐ | _____

PREIS-LEISTUNG ☐☐☐☐☐☐ | _____

GESAMT ☐☐☐☐☐☐ | _____

GESAMT ☐☐☐☐☐☐ | _____

GESAMT ☐☐☐☐☐☐ | _____

NAME
KAUF

PREIS

-

LÄNGE

ART

BESONDERHEITEN

UMBLATT

MARKE

HERKUNFT

FORMAT

JAHRGANG

Ø / RING

HERSTELLUNG

FÜLLUNG

VERPACKUNG

VERWENDETE TABAKE

EINLAGE

DECKBLATT

VERARBEITUNG □□□□□□

HAPTIK □□□□□□ | _____

ROLLUNG | ZUG □□□□□□ | _____

KONSISTENZ □□□□□□ | _____

RAUCHVERLAUF

GESCHMACK □□□□□□

AROMA _____

KALT _____

WARM _____

_____

ABGANG _____

BEWERTUNG

VERARBEITUNG □□□□□□ | _____

GESCHMACK □□□□□□ | _____

PREIS-LEISTUNG □□□□□□ | _____

GESAMT □□□□□□ | _____

GESAMT □□□□□□ | _____

GESAMT □□□□□□ | _____

NAME

KAUF

PREIS

-

LÄNGE

ART

BESONDERHEITEN

UMBLATT

MARKE

HERKUNFT

FORMAT

JAHRGANG

Ø / RING

HERSTELLUNG

FÜLLUNG

VERPACKUNG

VERWENDETE TABAKE

EINLAGE

DECKBLATT

VERARBEITUNG □□□□□□

HAPTIK □□□□□□ | _____

ROLLUNG | ZUG □□□□□□ | _____

KONSISTENZ □□□□□□ | _____

RAUCHVERLAUF

GESCHMACK □□□□□□

AROMA _____

KALT _____

WARM _____

_____

ABGANG _____

BEWERTUNG

VERARBEITUNG □□□□□□ | _____

GESCHMACK □□□□□□ | _____

PREIS-LEISTUNG □□□□□□ | _____

GESAMT □□□□□□ | _____

GESAMT □□□□□□ | _____

GESAMT □□□□□□ | _____

NAME

KAUF

PREIS

-

LÄNGE

ART

BESONDERHEITEN

UMBLATT

110

MARKE
HERKUNFT
FORMAT

JAHRGANG

Ø / RING
HERSTELLUNG
FÜLLUNG

VERPACKUNG
VERWENDETE TABAKE
EINLAGE

DECKBLATT
VERARBEITUNG   □□□□□□
HAPTIK   □□□□□□ | _____

ROLLUNG | ZUG   □□□□□□ | _____

KONSISTENZ   □□□□□□ | _____
RAUCHVERLAUF

GESCHMACK   □□□□□□
AROMA   _____

KALT   _____

WARM   _____

_____

ABGANG   _____
BEWERTUNG
VERARBEITUNG   □□□□□□ | _____

GESCHMACK   □□□□□□ | _____

PREIS-LEISTUNG   □□□□□□ | _____

GESAMT   □□□□□□ | _____

GESAMT   □□□□□□ | _____

GESAMT   □□□□□□ | _____

NAME
KAUF

PREIS

-

LÄNGE

ART

BESONDERHEITEN

UMBLATT

MARKE

HERKUNFT

FORMAT

JAHRGANG

Ø / RING

HERSTELLUNG

FÜLLUNG

VERPACKUNG

VERWENDETE TABAKE

EINLAGE

DECKBLATT

VERARBEITUNG ☐☐☐☐☐☐

HAPTIK ☐☐☐☐☐☐ | _____

ROLLUNG | ZUG ☐☐☐☐☐☐ | _____

KONSISTENZ ☐☐☐☐☐☐ | _____

RAUCHVERLAUF

GESCHMACK ☐☐☐☐☐☐

AROMA _____

KALT _____

WARM _____

_____

ABGANG _____

BEWERTUNG

VERARBEITUNG ☐☐☐☐☐☐ | _____

GESCHMACK ☐☐☐☐☐☐ | _____

PREIS-LEISTUNG ☐☐☐☐☐☐ | _____

GESAMT ☐☐☐☐☐☐ | _____

GESAMT ☐☐☐☐☐☐ | _____

GESAMT ☐☐☐☐☐☐ | _____

NAME

KAUF

PREIS

-

LÄNGE

ART

BESONDERHEITEN

UMBLATT

MARKE

NAME

HERKUNFT
KAUF

FORMAT

PREIS

JAHRGANG

-

Ø / RING

LÄNGE

HERSTELLUNG

FÜLLUNG

ART

VERPACKUNG

BESONDERHEITEN

VERWENDETE TABAKE

EINLAGE

UMBLATT

DECKBLATT

VERARBEITUNG   □□□□□□

HAPTIK   □□□□□□ | _____

ROLLUNG | ZUG   □□□□□□ | _____

KONSISTENZ   □□□□□□ | _____

RAUCHVERLAUF

GESCHMACK   □□□□□□

AROMA   _____

KALT   _____

WARM   _____

_____

ABGANG   _____

BEWERTUNG

VERARBEITUNG   □□□□□□ | _____

GESCHMACK   □□□□□□ | _____

PREIS-LEISTUNG   □□□□□□ | _____

GESAMT   □□□□□□ | _____

GESAMT   □□□□□□ | _____

GESAMT   □□□□□□ | _____

MARKE
HERKUNFT
FORMAT

JAHRGANG

Ø / RING

HERSTELLUNG
FÜLLUNG

VERPACKUNG

VERWENDETE TABAKE
EINLAGE

DECKBLATT

VERARBEITUNG □□□□□□

HAPTIK □□□□□□ | _____

ROLLUNG | ZUG □□□□□□ | _____

KONSISTENZ □□□□□□ | _____

RAUCHVERLAUF

GESCHMACK □□□□□□

AROMA _____

KALT _____

WARM _____

_____

ABGANG _____

BEWERTUNG

VERARBEITUNG □□□□□□ | _____

GESCHMACK □□□□□□ | _____

PREIS-LEISTUNG □□□□□□ | _____

GESAMT □□□□□□ | _____

GESAMT □□□□□□ | _____

GESAMT □□□□□□ | _____

NAME
KAUF

PREIS

-

LÄNGE

ART

BESONDERHEITEN

UMBLATT

MARKE

HERKUNFT

FORMAT

JAHRGANG

Ø / RING

HERSTELLUNG

FÜLLUNG

VERPACKUNG

VERWENDETE TABAKE

EINLAGE

DECKBLATT

VERARBEITUNG   ☐☐☐☐☐☐

HAPTIK   ☐☐☐☐☐☐ | _____

ROLLUNG | ZUG   ☐☐☐☐☐☐ | _____

KONSISTENZ   ☐☐☐☐☐☐ | _____

RAUCHVERLAUF

GESCHMACK   ☐☐☐☐☐☐

AROMA   _____

KALT   _____

WARM   _____

_____

ABGANG   _____

BEWERTUNG

VERARBEITUNG   ☐☐☐☐☐☐ | _____

GESCHMACK   ☐☐☐☐☐☐ | _____

PREIS-LEISTUNG   ☐☐☐☐☐☐ | _____

GESAMT   ☐☐☐☐☐☐ | _____

GESAMT   ☐☐☐☐☐☐ | _____

GESAMT   ☐☐☐☐☐☐ | _____

NAME

KAUF

PREIS

-

LÄNGE

ART

BESONDERHEITEN

UMBLATT

MARKE

HERKUNFT

FORMAT

JAHRGANG

Ø / RING

HERSTELLUNG

FÜLLUNG

VERPACKUNG

VERWENDETE TABAKE

EINLAGE

DECKBLATT

VERARBEITUNG □□□□□□

HAPTIK □□□□□□ | _____

ROLLUNG | ZUG □□□□□□ | _____

KONSISTENZ □□□□□□ | _____

RAUCHVERLAUF

GESCHMACK □□□□□□

AROMA _____

KALT _____

WARM _____

_____

ABGANG _____

BEWERTUNG

VERARBEITUNG □□□□□□ | _____

GESCHMACK □□□□□□ | _____

PREIS-LEISTUNG □□□□□□ | _____

GESAMT □□□□□□ | _____

GESAMT □□□□□□ | _____

GESAMT □□□□□□ | _____

NAME

KAUF

PREIS

-

LÄNGE

ART

BESONDERHEITEN

UMBLATT

MARKE
HERKUNFT
FORMAT

JAHRGANG

Ø / RING

HERSTELLUNG
FÜLLUNG

VERPACKUNG

VERWENDETE TABAKE
EINLAGE

DECKBLATT

VERARBEITUNG □□□□□□
HAPTIK □□□□□□ | _____

ROLLUNG | ZUG □□□□□□ | _____

KONSISTENZ □□□□□□ | _____

RAUCHVERLAUF

GESCHMACK □□□□□□

AROMA _____

KALT _____

WARM _____

_____

ABGANG _____

BEWERTUNG
VERARBEITUNG □□□□□□ | _____

GESCHMACK □□□□□□ | _____

PREIS-LEISTUNG □□□□□□ | _____

GESAMT □□□□□□ | _____

GESAMT □□□□□□ | _____

GESAMT □□□□□□ | _____

NAME
KAUF

PREIS

-

LÄNGE

ART

BESONDERHEITEN

UMBLATT

MARKE
HERKUNFT
FORMAT

JAHRGANG

Ø / RING

HERSTELLUNG
FÜLLUNG

VERPACKUNG

VERWENDETE TABAKE
EINLAGE

DECKBLATT

VERARBEITUNG □□□□□□
HAPTIK □□□□□□ | _____

ROLLUNG | ZUG □□□□□□ | _____

KONSISTENZ □□□□□□ | _____

RAUCHVERLAUF

GESCHMACK □□□□□□
AROMA _____

KALT _____

WARM _____

_____

ABGANG _____

BEWERTUNG
VERARBEITUNG □□□□□□ | _____

GESCHMACK □□□□□□ | _____

PREIS-LEISTUNG □□□□□□ | _____

GESAMT □□□□□□ | _____

GESAMT □□□□□□ | _____

GESAMT □□□□□□ | _____

NAME
KAUF

PREIS

-

LÄNGE

ART

BESONDERHEITEN

UMBLATT

MARKE
HERKUNFT
FORMAT

JAHRGANG

Ø / RING

HERSTELLUNG
FÜLLUNG

VERPACKUNG

VERWENDETE TABAKE
EINLAGE

DECKBLATT

VERARBEITUNG ☐☐☐☐☐☐
HAPTIK ☐☐☐☐☐☐ | _____

ROLLUNG | ZUG ☐☐☐☐☐☐ | _____

KONSISTENZ ☐☐☐☐☐☐ | _____

RAUCHVERLAUF

GESCHMACK ☐☐☐☐☐☐
AROMA _____

KALT _____

WARM _____

_____

ABGANG _____

BEWERTUNG
VERARBEITUNG ☐☐☐☐☐☐ | _____

GESCHMACK ☐☐☐☐☐☐ | _____

PREIS-LEISTUNG ☐☐☐☐☐☐ | _____

GESAMT ☐☐☐☐☐☐ | _____

GESAMT ☐☐☐☐☐☐ | _____

GESAMT ☐☐☐☐☐☐ | _____

NAME
KAUF

PREIS

-

LÄNGE

ART

BESONDERHEITEN

UMBLATT

MARKE

NAME

HERKUNFT

KAUF

FORMAT

PREIS

JAHRGANG

-

Ø / RING

LÄNGE

HERSTELLUNG

FÜLLUNG

ART

VERPACKUNG

BESONDERHEITEN

VERWENDETE TABAKE

EINLAGE

UMBLATT

DECKBLATT

VERARBEITUNG ☐☐☐☐☐☐

HAPTIK ☐☐☐☐☐☐ | _____

ROLLUNG | ZUG ☐☐☐☐☐☐ | _____

KONSISTENZ ☐☐☐☐☐☐ | _____

RAUCHVERLAUF

GESCHMACK ☐☐☐☐☐☐

AROMA _____

KALT _____

WARM _____

_____

ABGANG _____

BEWERTUNG

VERARBEITUNG ☐☐☐☐☐☐ | _____

GESCHMACK ☐☐☐☐☐☐ | _____

PREIS-LEISTUNG ☐☐☐☐☐☐ | _____

GESAMT ☐☐☐☐☐☐ | _____

GESAMT ☐☐☐☐☐☐ | _____

GESAMT ☐☐☐☐☐☐ | _____